广播影视业务教育培训丛书

广播电视
基础知识

BROADCASTING & TELEVISION

2024–2025

广播影视业务教育培训丛书编写组 编

主 编：王 蓓

副主编：金德龙 张 宏

编写人员（以姓氏笔画为序）：

方 华 仇东方 成 美 孙树凤 孙聚成 张 俊 周小普 周步恒 梁鸿鹰

温 飙 熊智辉 魏开鹏

中国国际广播出版社

目　录

第二部分　新闻工作者职业道德

第三部分 广播电视常识

《广播电视基础知识》模拟试卷与参考答案

2024年全国广播电视播音员主持人资格考试大纲

第一章　总则

第一条　为规范广播电视播音员主持人资格管理，做好全国广播电视播音员主持人资格考试工作，根据《广播电视编辑记者、播音员主持人资格考试办法（试行）》（广发人字〔2005〕552号），制定本大纲。

第二条　本大纲是全国广播电视播音员主持人资格考试命题的依据，供考生备考时参考。

第三条　考试科目：

综合知识；广播电视基础知识；广播电视播音主持业务（笔试）；广播电视播音主持业务（口试）。

第二章　综合知识

第四条　综合知识重点考察考生的知识面和综合素质，要求考生了解所列知识点。

第五条　综合知识考试时间、考试方式和试题类型：

（一）考试时间为90分钟。

（二）考试方式为闭卷、笔试。

（三）试卷满分为100分。

（四）试题类型包括单项选择题、多项选择题和判断题。

第六条　综合知识内容包括：

一、政治理论知识

（一）马克思列宁主义理论

世界物质统一性原理　世界的普遍联系和永恒发展　物质决定意识原理　事物矛盾运动的基本原理　唯物辩证法的基本规律　以实践为基础的能动的反映论　真理和检验真理的标准　社会基本矛盾及其运动规律　人民群众和个人在历史上的作用

商品　货币　资本　价值规律　剩余价值　资本主义再生产与资本积累　资本主义基本矛盾　资本主义经济危机

两大发现与科学社会主义的创立　“两个必然”与“两个决不会”　社会发展和人的自由而全面发展　共产主义

（二）毛泽东思想

毛泽东思想的形成、主要内容　毛泽东思想是马克思主义中国化的第一次历史性飞跃　新民主主义革命总路线　新民主主义基本纲领　人民民主政权　新民主主义革命的三大法宝（统一战线、武装斗争、党的建设）　毛泽东思想活的灵魂（实事求是、群众路线、独立自主）《实践论》、《矛盾论》、《论十大关系》和《关于正确处理人民内部矛盾的问题》

（三）中国特色社会主义理论体系

邓小平理论的形成、主要内容、历史地位　“三个代表”重要思想的形成、主要内容、历史地位　科学发展观的形成、主要内容、历史地位　中国特色社会主义道路、中国特色社会主义制度的形成和发展　中国特色社会主义理论体系实现了马克思主义中国化新的飞跃

（四）习近平新时代中国特色社会主义思想

新时代内涵与意义　社会主要矛盾变化　百年未有之大变局　习近平新时代中国特色社会主义思想的重大时代课题　习近平新时代中国特色社会主义思想的主要内容（“十个明确”“十四个坚持”“十三个方面成就”）、历史地位　当代中国马克思主义、二十一世纪马克思主义　中华文化和中国精神的时代精华　马克思主义中国化时代化新的飞跃　坚持和发展中国特色社会主义的总依据和总任务　实现中华民族伟大复兴的中国梦　“两个一百年”奋斗目标　“两步走”战略　“五位一体”总体布局　“四个全面”战略布局　以人民为中心的发展思想　《中共中央关于党的百年奋斗重大成就和历史经验的决议》　中国共产党百年奋斗的十条历史经验

新时代十年的历史性成就和历史性变革　“两个结合”　习近平新时代中国特色社会主义思想的世界观和方法论　习近平新时代中国特色社会主义思想的立场观点方法　“六个必须坚持”　中国式现代化　中国式现代化的中国特色、本质要求和重大原则　中国式现代化蕴含的独特“六观”　推进中国式现代化需要处理好的六个重大关系　全面建成社会主义现代化强国总的战略安排　中国式现代化的世界意义　人类文明新形态

习近平经济思想　坚持和完善社会主义基本经济制度　“七大战略”　新发展阶段　新发展理念　新发展格局　使市场在资源配置中起决定性作用与更好发挥政府作用　深化供给侧结构性改革　加快建设全国统一大市场　全面深化改革及其总目标　新质

生产力　建设金融强国

坚持走中国特色社会主义政治发展道路　坚持和完善人民当家作主制度体系　全过程人民民主　社会主义协商民主　推进国家治理体系和治理能力现代化　习近平法治思想　坚持和完善中国特色社会主义法治体系　全面依法治国及其总目标

习近平文化思想　建设社会主义文化强国　牢牢掌握意识形态工作领导权　落实意识形态工作责任制　培育和践行社会主义核心价值观　实现中华优秀传统文化的创造性转化和创新性发展　中华文明的五大突出特性　马克思主义基本原理同中国具体实际、同中华优秀传统文化相结合　中华民族现代文明　新时代新的文化使命

为民造福是立党为公、执政为民的本质要求　坚持和完善统筹城乡的民生保障制度　乡村振兴战略　坚持和完善共建共治共享的社会治理制度　完善分配制度

习近平生态文明思想　坚持和完善生态文明制度体系　建设美丽中国

总体国家安全观　习近平强军思想　坚持和完善党对人民军队的绝对领导制度　中国特色强军之路　坚持“一国两制”和推进祖国统一　统筹发展和安全

习近平外交思想　坚持和完善独立自主的和平外交政策　建设新型国际关系　全人类共同价值　构建人类命运共同体　“一带一路”倡议　共商共建共享的全球治理观　全球发展倡议、全球安全倡议、全球文明倡议

坚持党的全面领导　深刻领悟“两个确立”的决定性意义　增强“四个意识”　坚定“四个自信”　做到“两个维护”　中国特色社会主义最本质的特征和制度的最大优势　全面从严治党　新时代党的建设总要求　党的政治建设　新时代党的组织路

线　中国共产党成立的伟大意义　中国共产党成立百年来的“四个历史阶段”与“四个伟大成就”　伟大建党精神　中国共产党百年奋斗的历史意义　“五个必由之路”　党的建设的重要思想　党的自我革命的重要思想

（五）近期国内外重大事件

二、法律基础知识与相关法律法规

（一）宪法

我国的国家指导思想　我国的国体　中国特色社会主义事业总体布局　中国特色社会主义最本质的特征　依法治国　我国的文化制度　我国公民的基本权利和义务　倡导社会主义核心价值观　宪法宣誓制度　监察制度　使用语言文字的原则　国旗、国歌、国徽、首都的规定

（二）相关法律法规

民法典　民事权利能力和民事行为能力　未成年人法定年龄标准　保护民事主体的生命权、身体权、健康权、姓名权、名称权、肖像权、名誉权、荣誉权、隐私权等人格权　保护自然人基于人身自由、人格尊严产生的其他人格权益　新闻报道涉及人格权益的合理使用与合理核实义务　个人信息保护与处理　保护英雄烈士的人格权益

刑法　为境外窃取、刺探、收买、非法提供国家秘密、情报罪　破坏广播电视设施罪　侵犯著作权罪　损害商业信誉、商品声誉罪　虚假广告罪　诬告陷害罪　侮辱罪　诽谤罪　煽动民族仇恨、民族歧视罪　非法获取国家秘密罪　扰乱无线电通讯管理秩序罪　传播淫秽物品罪　侮辱国旗、国徽、国歌罪　泄露国家秘密罪

刑事诉讼法　不得强迫自证其罪原则　未成年人犯罪案件的报道

公共文化服务保障法　公共文化服务的负责部门　公共文化设施　政府公开公共文化服务信息和媒体监督

国歌法　国歌的名称　国歌的法律地位　维护国歌尊严　禁止奏唱国歌的场合　国歌的宣传教育　广播电台电视台播放国歌的法定时点

英雄烈士保护法　英雄烈士的法律地位　烈士纪念日　鼓励和支持英雄烈士事迹创作生产和宣传推广　广播电台电视台广泛宣传英雄烈士事迹和精神的法定义务　广播电视行政部门保护英雄烈士名誉、荣誉的法定职责

未成年人保护法　未成年人节目管理规定　未成年人合法权益保护　制作传播内容要求

知识产权法律体系　著作权法保护的作品范围　著作权权利种类　著作权权利限制　表演者权利和义务　录音录像制作者权利和义务　广播电台、电视台权利和义务　职务作品

国家安全法　总体国家安全观　国家安全教育日　培育和践行社会主义核心价值观 掌握意识形态领域主导权是维护国家安全的重要任务

网络安全法　网络安全等级保护　网络产品和服务强制认证　个人信息保护　网络用户实名制　网络信息发布行为规范

个人信息保护法　个人信息概念　个人信息处理规则　个人在个人信息处理活动中的权利　个人信息处理者的义务

保守国家秘密法　国家秘密范围　法律责任

监察法　监察委员会　监察范围　对监察机关和监察人员的监督

广告法　广播电台电视台发布广告内容准则和行为规范　未

成年人广告的特别规定　广播电台电视台违反广告法的法律责任　广播电视行政管理部门的监管职责和法律责任

证券法　证券交易内幕信息　证券交易内幕信息的知情人　证券内幕交易的法律责任

国家通用语言文字法　国家通用语言文字基本原则　国家通用语言文字使用

《广播电视管理条例》禁止制作、播放的广播电视节目　广播电视新闻应当遵守的原则　广播电台、电视台使用语言文字的原则　广播电台、电视台审查节目的要求

《政府信息公开条例》《信息网络传播权保护条例》《互联网视听节目服务管理规定》《互联网新闻信息服务管理规定》《网络音视频信息服务管理规定》《网络主播行为规范》《关于规范网络直播打赏 加强未成年人保护的意见》《关于加强网络视听节目平台游戏直播管理的通知》《网络暴力信息治理规定》

三、经济学、社会学、文学

社会主义初级阶段的基本经济制度和分配制度　社会主义市场经济体制的基本特征　供给与需求　自由经营与政府干预　资源配置　成本与收益　国内生产总值（GDP）居民消费价格指数（CPI）恩格尔系数　基尼系数　通货膨胀与通货紧缩　充分就业与失业　财政政策和货币政策　顺差和逆差　外汇与汇率　自由贸易与保护贸易　固定汇率制度与浮动汇率制度　欧盟　区域经济一体化和经济全球化　世界贸易组织　世界银行和国际货币基金组织

社会化　社会角色　社会规范　社区　社会分层　现代化　社会保障

《诗经》《楚辞》《史记》唐诗　宋词《三国演义》《水

浒传》《西游记》《红楼梦》 新文化运动　鲁迅　沈从文　茅盾 《荷马史诗》 文艺复兴　莎士比亚　巴尔扎克　卡夫卡

第三章　广播电视基础知识

第七条　广播电视基础知识重点考察考生对广播电视工作认知程度，要求考生掌握马克思主义新闻观、党的新闻宣传工作方针原则、新闻工作者的职业道德规范、广播电视常识。

第八条　广播电视基础知识考试时间、考试方式和试题类型：

（一）考试时间为90分钟。

（二）考试方式为闭卷、笔试。

（三）试卷满分为100分。

（四）试题类型包括选择题、简答题、辨析题、论述题。

第九条　广播电视基础知识内容包括：

一、马克思主义新闻观和中国社会主义新闻事业的方针原则

（一）马克思主义新闻观

马克思主义新闻观的含义　马克思主义新闻观的形成与发展　坚持马克思主义新闻观的基本要求　新时代新闻战线深入开展“三项学习教育”活动的内涵要求　增强“四力”教育实践　坚决反对“四风”特别是形式主义、官僚主义

（二）中国社会主义新闻事业的基本方针

为人民服务、为社会主义服务、为全党全国工作大局服务　团结稳定鼓劲、正面宣传为主

（三）新闻工作的党性原则

党性原则是马克思主义新闻观的根本原则　党性原则的含义与基本要求　坚持党对新闻工作的领导　坚持党性和人民性的统一

（四）舆论导向

舆论导向的含义　坚持正确舆论导向的基本要求　把握新闻宣传的时度效　坚持正确的政治方向、舆论导向和价值取向

（五）舆论监督

舆论监督的实质　舆论监督的社会功能　正确行使舆论监督职能　坚持建设性监督、准确监督、科学监督、依法监督的原则　把握大局，提高舆论监督水平　舆论监督和正面宣传相统一

（六）政治家办报办台

“政治家办报”的提出与发展　政治家办报办台的基本要求　在新形势下坚持政治家办报办台

（七）新闻真实性原则

新闻是新近发生的事实的报道　新闻定义的内涵

真实是新闻的生命　新闻真实的本质要求与具体要求　实事求是是新闻工作的根本出发点　坚持准确、公正、全面、客观的报道原则　当前新闻真实性方面存在的问题及如何坚持新闻的真实性

以辩证唯物主义反映论指导新闻工作　新闻报道必须以事实为依据　新闻手段　全面把握和正确反映社会生活的本质和主流　发扬深入实际、调查研究、求真务实、实事求是的作风

（八）新闻价值

新闻价值的含义　新闻价值的要素　新闻价值的客观性与综

合性　新闻价值取向

（九）新闻事业的性质

新闻事业是一定社会的经济基础通过新闻手段的反映　新闻事业属于上层建筑意识形态范畴　新闻事业是综合国力和国家形象的体现

新闻舆论工作的地位作用（“一项重要工作”“一件大事”“五个事关”）新闻舆论工作的职责使命

（十）贴近实际、贴近生活、贴近群众

“三贴近”原则的含义和基本要求　按照“三贴近”原则加强和改进新闻宣传工作

（十一）推动文化事业与文化产业发展

坚持把社会效益放在首位，社会效益与经济效益相统一　完善公共文化服务体系　深入实施文化惠民工程　2024 年“清朗”系列专项行动

（十二）文艺方针政策

“二为方向”“双百方针”　坚持创造性转化、创新性发展　弘扬主旋律，提倡多样化　思想性、艺术性、观赏性三性统一　坚持尊重文艺规律，尊重作家艺术家的创造性劳动　深入生活、扎根人民　倡导讲品位、讲格调、讲责任，抵制低俗、庸俗、媚俗　加强新时代文艺评论工作的指导意见

（十三）对外宣传工作的基本原则

外宣工作职责使命　外宣工作基本原则　加强国际传播能力建设

（十四）推进媒体融合发展的原则要求

关于推动传统媒体和新兴媒体融合发展的指导意见　关于加

快推进媒体深度融合发展的意见　加强全媒体传播体系建设　塑造主流舆论新格局

（十五）党的十八大以来习近平总书记关于新闻舆论工作与文艺工作的重要讲话和指示精神

在全国宣传思想工作会议上的讲话　在党的新闻舆论工作座谈会上的讲话　在全国网络安全和信息化工作会议上的讲话　在第十九届中央政治局第十二次集体学习时就全媒体时代和媒体融合发展发表的重要讲话　在文艺工作座谈会上的讲话　在中国文联十一大、中国作协十大开幕式上的讲话　在第十九届中央政治局第三十次集体学习时就加强和改进国际传播工作的讲话　在第十九届中央政治局第三十九次集体学习时就传承弘扬中华文明的讲话　党的二十大报告关于新闻宣传工作的论述　在文化传承发展座谈会上的讲话　对网络安全和信息化工作的重要指示　对宣传思想文化工作的重要指示

二、新闻工作者职业道德

（一）新闻工作者责任

新闻职业与新闻工作者　新闻工作者的职业特征　新闻工作者的社会责任　新闻工作者的职业修养

（二）新闻职业道德

新闻职业道德的本质特征　新闻职业道德的基本原则和规范　新闻工作的法律规范　新闻工作者职业道德建设的意义　加强新闻职业道德制度建设　违反新闻工作者职业道德的行为　打击新闻敲诈和假新闻（“打假治敲”）专项行动

（三）广播电视新闻工作者职业道德

《中国新闻工作者职业道德准则》（2019年11月7日修

订）《中国广播电视播音员主持人职业道德准则》《新闻从业人员职务行为信息管理办法》《关于进一步规范播音员主持人职业行为和社会活动管理的意见》 中国记协新闻道德委员会关于“牢记职责使命 引领社会风尚”倡议书

三、广播电视常识

（一）新中国广播电视发展

延安新华广播电台 北平新华广播电台 国家广播电视总局 中央广播电视总台 中央人民广播电台 中国国际广播电台 中央电视台 中国国际电视台（中国环球电视网） 央视网 央广网 国际在线 中国网络电视台 央视频 云听 重温经典频道 中国播音主持“金声奖” 金声计划

（二）广播电视节目概述

广播电视节目 广播电视的传播特点 广播的传播符号 电视的传播符号 电视影像的要素 广播电视新闻的语言表达 广播新闻中音响与文字的关系 电视新闻中画面、音响与文字的关系 公益广告

（三）新型传播平台的概念和种类

媒体的数字化、网络化、移动化、智能化 智慧广电战略 移动优先战略 微信 微博 客户端 社交媒体 网络直播 UGC（用户生产内容） PGC（专业生产内容） 网络主播 网络综艺 网络剧 网络电影 网络微短剧 短视频 跨屏互动 虚拟数字人

第四章 广播电视播音主持业务

第十条 广播电视播音主持业务，重点考察考生对播音主持

工作的理解和认识、对播音主持理论基本知识的掌握和运用以及播音主持的实际操作能力。要求考生能以正确的传播理念、良好的声音形象和屏幕形象、标准的普通话和规范而丰富生动的语言表达，完成广播电视的播音主持工作。

第十一条　广播电视播音主持业务考试时间、考试方式和试题类型：

（一）笔试

1. 考试时间为150分钟。

2. 考试方式为闭卷。

3. 试卷满分为100分。

4. 试题类型包括选择题、简答题、写作题。

（二）口试

1. 准备时间为10分钟，考试时间为5分钟。

2. 考试方式为闭卷，现场抽题、现场准备、现场考试并录像。

3. 口试满分为100分。

4. 试题类型包括新闻播报、话题主持。

第十二条　广播电视播音主持业务内容包括：

一、播音主持工作及播音员主持人职业

（一）播音主持工作的性质、宗旨、意义

播音主持工作的性质　播音主持工作的宗旨　播音主持工作的意义

（二）播音主持工作的责任

牢固树立党的宣传员和新闻工作者的责任意识　自觉维护祖国语言文字的纯洁　遵纪守法廉洁自律　树立良好的职业形象和社会公众人物形象　勤奋敬业德艺双馨

（三）播音主持工作的地位、规律、特点、创作道路

播音主持工作的地位　播音主持工作的规律　播音主持工作的特点　播音主持正确的创作道路

（四）播音主持职业规范要求和职业道德准则

播音主持职业规范要求

严格区分职业行为和个人行为　遵守和尊重播音主持工作的各项法律法规　遵守和尊重播音主持创作规律　认真严肃对待每一次播出　严格遵守安全播出的各项规章制度　尊重被采访对象（特别是未成年人、残疾人、社会弱势群体等）

播音主持职业道德准则

责任　品格　形象　语言　廉洁

（五）播音主持岗位规范的意义、播音主持工作优良传统和作风

播音主持岗位规范的意义

有助于培养严谨的工作作风　有利于提高播出质量　有助于塑造良好的媒体形象　以高水平、高质量的播出，树立自己的职业形象　以谦虚的态度和精湛的艺术，尊重和保护自己的职业尊严

播音主持工作优良传统和作风

坚定正确的政治方向　尽职尽责地承担职业责任　全方位主动积极学习　积累广博的文化知识　一丝不苟地勤学苦练专业基本功　严谨细致的工作作风　表里如一的慎独品格　精益求精的敬业精神

二、播音主持职业首要的必备基础知识

（一）新闻素质

新闻的基本概念：真实性　准确性　价值　意义等

现场报道的基本能力要求：细致的现场观察能力　敏锐的新闻洞察能力　综合分析、理清思路的逻辑能力　准确的语言表述能力等

（二）语言文字素养

1. 对语言文字基本概念、知识的掌握

2. 按照职业要求运用语言文字的基本能力

基本的准确运用词语概念表述的能力　符合语法规范、用基本通顺的语句叙述内容的能力　思路清晰、条理层次分明的逻辑能力　语言生动形象的修辞能力

（三）形体语言、基本礼仪、交流沟通能力

形体语言的基本形态　形体语言的基本功能　形体语言表达的基本规律

职业行为中的必备礼仪　作为公众人物的必备礼仪　日常生活中的必备礼仪

掌握和遵守交流沟通的基本规则　职业行为中的交流和沟通

三、播音主持理论基础知识

（一）播音发声知识

播音发声的基本要求及方法　呼吸原理及方法　呼吸在有声语言表达中的作用　口腔控制原理和要领　口腔控制的目的和意义　吐字归音的方法　吐字归音在语言表达中的作用和意义

（二）普通话语音知识

普通话概念　普通话语音特点　普通话声母、韵母、声调、语流音变、词的轻重格式等知识　普通话异读词读音　人名地名的读音　播音员主持人必备语音工具书

（三）播音主持语言表达知识

1. 创作准备与思想感情的运动状态

备稿的定义、内容、方法以及应注意的问题　思想感情的运动状态　感受、态度、感情　具体感受与整体感受

2. 调动思想感情的方法

情景再现的定义、展开过程以及应注意的问题　内在语的定义、作用、分类以及把握　对象感的定义、特征、把握以及应避免的几个误区

3. 表达思想感情的方法

停连的定义、作用、位置的确定以及表达　重音的定义、作用、位置的确定以及表达　语气的定义、感情色彩和分量、声音形式　节奏的定义、类型以及方法

4. 即兴口语表达

广播电视即兴口语表达的范畴和现状　广播电视即兴口语运用的原则　广播电视即兴口语表达的原则　厚积薄发对即兴口语运用和表达的积极意义　串联词的定义、功能、把握以及创作追求　临场应变——即兴口语表达的致臻境界　即兴口语表达易出现的问题　临场应变的定义、要求、依据、现场控制以及应变策略

四、播音主持业务

（一）文稿播读

1. 新闻类节目及其分类　新闻文稿播读的总体要求　新闻消息的播读　新闻评论的播读　新闻专稿的播读

2. 文艺类节目及其分类　文艺类文稿播读的总体要求　文艺类文稿播读的具体要求

3. 社教类节目及其分类　社教类文稿播读的总体要求　社教

类文稿播读的具体要求

4. 财经类节目及其分类　财经类文稿播读的总体要求　财经类文稿播读的具体要求

（二）话题主持

1. 新闻评论类节目的界定和分类　新闻评论类专题主持的基本要求

2. 财经类节目的界定和分类　财经类专题主持的基本要求

3. 服务类节目的界定和分类　服务类专题主持的基本要求

4. 综艺娱乐类节目的界定和分类　综艺娱乐类专题主持的基本要求

五、播音员主持人形象

（一）播音员主持人的形象概述

1. 形象的定义

2. 职业形象（声音形象、屏幕形象、社会公众形象）个人形象

（二）塑造播音员主持人形象的意义和作用

1. 有助于塑造媒体形象

2. 有助于先进文化的传播

（三）处理好播音员主持人形象的多重关系

1. 职业形象与个人形象的关系

2. 内在素质与外在形象的关系

3. 个人和集体的关系

（四）塑造播音员主持人形象的具体要求

1. 塑造职业形象的基本要求

声音形象塑造的基本常识和技巧　职业着装的基本概念及搭配技巧　发型造型的基本常识和要求　化妆造型的基本原则及技

巧　饰物佩戴的基本常识

2. 表现职业形象的基本要求

体现媒体责任和个人品德　符合中华民族文化传统　尊重大众审美情趣和欣赏习惯　体态与节目的统一、语言与体态的和谐

3. 注重生活中的形象

良好的语言习惯、规范的体态语言　注意言谈举止的社会影响　尊重和保护好自己的职业形象和个人形象

六、口试内容和评判标准

（一）口试内容

1. 新闻播报。应试者面对镜头播报一条自己抽取的新闻稿。

2. 话题主持。应试者抽取一条话题，面对镜头进行评述。

（二）口试标准

A 级

1. 声音状态：

播报和主持节目时，发声状态积极、饱满、大气；声音运用松弛、自如、通畅；声音干净、明朗，圆润、大方。

2. 语音面貌：

播报和主持节目时，语音标准，声、韵、调准确无误；语音连贯、流畅；吐字清晰、准确；语调自然。

3. 形象气质：

形象端正、大方，服饰、妆容、仪态、仪表符合广播电视职业规范。

4. 语言表达：

新闻播报：理解准确，感受具体，感情真挚，基调恰切；语言目的明确，停连重音准确，语句流畅，语气生动，分寸得当；语言表达时状态积极，与受众有真切交流，仪态自然大方；能准

确鲜明地体现所播节目的基本形态和特征。

话题主持：导向正确，态度鲜明；内容充实，言之有物；能实现节目的播出目的。

思路清晰，逻辑感强；语言表述准确规范，符合广播电视语体特征和语境；语言表达顺畅，对象感、交流感强；语言运用生动、形象；现场反应积极、敏捷，表现富有个性，能体现栏目特色。

B级

1. 声音状态：

播报和主持节目时，发声状态较积极、饱满、大气；声音运用较松弛、自如、通畅；声音较干净、明朗，圆润、大方。

2. 语音面貌：

播报和主持节目时，语音基本标准，声、韵、调基本准确，偶有失误；语音基本连贯、流畅；吐字基本清晰、准确；语调总体自然。

3. 形象气质：

形象、妆饰、仪态、仪表符合广播电视职业规范。

4. 语言表达：

新闻播报：理解正确，有一定感受；感情、基调基本恰切；语言目的基本明确，停连重音无明显失误；语气、分寸把握基本到位；语言表达时状态积极，语句顺畅，有一定的对象感，自然大方。

话题主持：导向正确，态度鲜明；内容比较充实具体；能基本实现播出的具体目的。

思路清晰，逻辑基本清楚；语言表述基本规范，符合广播电视语体特征和语境；语言表达基本顺畅，有一定的对象感、交流感；语言运用偶有词汇、语法等失误；现场反应积极，基本能体现栏目特色及个性。

第五章　附则

第十三条　本大纲由国家广播电视总局全国广播电视播音员主持人资格考试委员会办公室负责解释。

第一部分

马克思主义新闻观和中国社会主义新闻事业的方针原则

一、马克思主义新闻观

复习要点提示

- 理解马克思主义新闻观的含义、形成与发展。
- 理解坚持马克思主义新闻观的基本要求。
- 理解和掌握新时代新闻战线深入开展“三项学习教育”活动的内涵要求。
- 理解和掌握增强“四力”教育实践。

马克思主义新闻观的含义

马克思主义新闻观是指马克思主义对于新闻现象和新闻传播活动的总的看法。它涉及诸如新闻本源、新闻本质及新闻传播规律等许多根本性问题，其核心是马克思主义关于无产阶级及其政党新闻事业的工作性质、工作原则和工作规律的一系列基本观点。它是马克思主义的世界观、人生观和价值观在新闻传播领域的反映和体现。它告诉人们怎样运用辩证唯物主义和历史唯物主义的观点和方法去看待新闻现象，去回答新闻传播活动中所出现的各种问题。

牢固树立马克思主义新闻观，必须重点把握以下几个方面的问题：要坚持新闻宣传工作的党性原则，这是马克思主义新闻观的根本原则。要坚持把正确舆论导向放在首位，这是新闻宣传最重要的责任。要坚持为人民服务、为社会主义服务、为全党全国工作大局服务的方针，这是社会主义新闻事业的基本方针。要坚持新闻的真实性原则，这是新闻工作必须遵循的基本原则，是党的实事求是的思想路线在新闻工作中的具体体现。要坚持政治家办报办台，这是实现党对新闻工作领导的重要保证。

马克思主义新闻观的形成与发展

马克思主义新闻观的形成是一个与时俱进，不断充实、完善和创新、发展的过程。马克思、恩格斯的新闻思想是马克思主义新闻观的重要基础，是继承、发展马克思主义新闻观的思想宝库。马克思主义新闻观是一个开放性、动态性、发展的思想体系，随着时代的发展和实践的深入，马克思主义新闻观也在不断地丰富、更新和发展。马克思和恩格斯作为创立者和奠基者提出并深刻阐述了一系列基本理论和基本观点，100 多年来，其间经历了以列宁为代表的俄国布尔什维克党人和以毛泽东为代表的中国共产党人不断继承、创新和发展的长期过程，逐步形成了科学、系统的理论体系。以中国特色社会主义理论体系为代表，以党性原则为核心的当代马克思主义新闻观，其根本点是必须坚持正确舆论导向，内涵博大精深，十分丰富。

新时代新闻战线深入开展“三项学习教育”活动的内涵要求

内涵：习近平新时代中国特色社会主义思想、马克思主义新闻观、职业精神职业道德学习教育活动。

要求：新时代深入广泛开展“三项学习教育”活动，加强领导，扎实组织，认真整改，务求实效。要按照习近平新时代中国特色社会主义思想的要求，紧密联系思想实际，对照马克思主义新闻观，认真解决好对新闻工作各种各样的模糊观念和错误认识；紧密联系工作实际，对照党的路线方针政策和党对新闻宣传工作的方针原则，认真解决事业心、责任感、纪律观念等方面存在的差距和不足；紧密联系作风实际，对照职业精神、职业道德的要求，认真解决工作精神、工作状态、工作追求等世界观、人生观、价值观方面存在的错误认识和不良行为。对有偿新闻、虚假新闻、低俗之风、不良广告等问题，要扭住不放，一抓到底，集中进行整改，务必得到解决。

增强“四力”教育实践

在 2018 年 8 月召开的全国宣传思想工作会议上，习近平总书记提出要不断增强脚力、眼力、脑力、笔力，努力打造一支政治过硬、本领高强、求实创新、能打胜仗的宣传思想工作队伍，这是新形势下对宣传思想战线队伍建设提出的总要求。脚力、眼力、脑力、笔力，是一个表述生动、内涵丰富、相互联系、相互促进的有机整体，是新时代宣传思想工作队伍综合素质、能力水平、精神风貌的集中体现。增强“四力”，根本在提高政治素质，关键在提升业务本领，紧要在锐意创新创造，基础在锤炼优良作风。宣传思想工作进入守正创新的重要阶段，全面增强工作队伍“四力”，对于推动宣传思想战线在政治上强起来、工作上强起来，更好承担起举旗帜、聚民心、育新人、兴文化、展形象的使命任务，凝聚砥砺奋进新时代、同心共筑中国梦的磅礴力量，具有十分重要的意义。

二、中国社会主义新闻事业的基本方针

复习要点提示

- 熟悉中国社会主义新闻事业的基本方针。

为人民服务、为社会主义服务、为全党全国工作大局服务

为人民服务、为社会主义服务、为全党全国工作大局服务，是社会主义新闻事业的基本方针。党的新闻工作必须以最广大人民的根本利益为最高利益，把对党负责和对人民负责有机统一起来，坚持群众观点，走群众路线，大力讴歌人民群众的生动实践和英雄业绩，反映人民的意愿，满足人民群众的精神文化需求。

社会主义的经济基础和政治制度，决定了我国新闻事业为人民服务、为社会主义服务、为全党全国工作大局服务的基本方针。社会主义社会作为人类历史上崭新的社会制度，不同于以往任何形态下的经济基础。社会主义新闻事业作为社会的上层建筑，是在社会主义经济基础上产生和发展起来的。作为上层建筑，为经济基础服务是本身的职责。社会主义新闻事业通过各种新闻手段传播信息，传播社会主义思想，传播党的纲领、路线、方针、政策，积极地作用于其赖以产生的经济基础，并为社会主义经济制度和政治制度的巩固和发展服务。

新闻宣传工作首先要坚持为人民服务的宗旨。党领导的社会主义事业，是人民的事业，也是人民的根本利益所在。新闻舆论工具要满腔热情地鼓励和支持人民的首创精神，充分调动人民群众的积极性、主动性、创造性，发掘和传播人民群众的智慧和创造精神，促进社会的发展和进步。新闻宣传要把人民群众作为主角，充分发挥舆论引导作用，有效地为人民群众行使参政议政的民主权利创造条件。新闻工作还要坚持社会主义的政治方向。坚持社会主义制度，是我们的立国之本，是我国一切事业进步和发展的基础，也是新闻事业必须坚定不移坚持的政治方向。新闻事业要坚决捍卫社会主义国家利益，维护国家形象，热情宣传社会主义制度的优越性，促进物质文明、精神文明、政治文明、生态文明建设，为改革开放服务。新闻工作为人民服务、为社会主义服务，最终要体现在为全党全国工作大局服务上。新闻宣传工作要围绕经济建设中心，处理好改革、稳定与发展的关系，充分认识稳定的重要性和发展的必要性。

团结稳定鼓劲、正面宣传为主

坚持团结稳定鼓劲、正面宣传为主的方针，准确及时地反映党的路线、方针、政策，实事求是地反映社会现实生活的主流，让人民群众用创造新生活的业绩教育自己，形成鼓舞人民前进的巨大精神力量，是新闻报道工作应该遵循的重要方针。社会主义新闻事业面对亿万人民群众的伟大实践，面对发展中的社会主义事业，报道的着眼点自然应当放在主流方面、主导方面。正确对待人民群众创造历史，是历史唯物主义的一个基本观点，也是以正面宣传为主方针的理论基石。

正面宣传为主，就是要着力宣传能鼓舞和推动人们奋发向前的各种光辉业绩，用伟大的成就和业绩去鼓舞和启迪人们，使人们更加深刻地认识到共产党领导的必要性和社会主义制度的优越性，进一步为国家的富强、人民的幸福和社会的进步努力奋斗。坚持正面宣传为主，还要注意处理好与批评报道的关系，新闻报道要勇于开展严肃认真的批评，批评、揭露消极的、落后的、丑恶的东西，改进工作，解决问题。

三、新闻工作的党性原则

复习要点提示

- 明确党性原则是马克思主义新闻观的根本原则。
- 掌握党性原则的含义和基本要求。
- 掌握党性和人民性的统一关系。

党性原则是马克思主义新闻观的根本原则

新闻宣传工作的党性原则是一定政党的政治主张、思想意识和组织原则在新闻活动中的体现。我们党在思想上，要以马克思主义作为新闻工作的指针，宣传党的理论基础和思想体系；在政治上要宣传党的纲领路线、方针政策，使之成为亿万群众的自觉行动；在组织上，要接受党的领导，遵守党的组织原则和新闻宣传工作的纪律。报刊、广播、电视、网络的宣传必须坚持的一个基本要求是：阐述马克思主义的基本理论观点必须准确，紧密联系社会主义现代化建设和改革开放的实际，紧密联系广大人民群众的思想实际，解决思想和理论问题，同时防止形式主义和实用主义两种倾向。在原则问题上，旗帜鲜明地宣传党中央的思想和主张，对那些一时难以全面准确地理解党的纲领、路线、方针、政策的群众，要通过耐心细致的解释、说理进行疏导和教育。我国无产阶级报刊，不论是地方的，还是中央的，都必须服从党的代表大会，服从相应的中央和地方组织。

马克思主义新闻观的核心和精髓是党性原则。坚持党性原则，就要在思想上以马克思主义为指导，政治上与党中央保持高度一致，组织上实行民主集中制。

党性原则的含义与基本要求

党性原则是一定政党的政治主张、思想意识和组织原则在新闻活动中的体现。坚持新闻工作的党性原则，就要做到以下几点：

（1）必须全面、准确、生动地宣传马克思列宁主义、毛泽东思想、中国特色社会主义理论体系。紧密联系社会主义现代化建设和改革开放的实际，紧密联系广大人民群众的思想实际，解决思想和理论问题。

（2）必须全面、准确、生动地宣传党的纲领、路线、方针和政策，使之变为广大人民群众的自觉行动。新闻工作者必须在政治上同党中央保持一致，不允许在报刊、广播、电视、网络的公开报道中发表同党的纲领、路线、方针和政策相反的言论。

（3）必须坚持党的领导，遵守党的组织原则和宣传纪律。新闻宣传是党的一条十分重要的战线，党管宣传、党管意识形态，是我们党在长期实践中形成的重要原则和制度，是坚持党的领导的一个重要方面，必须始终牢牢坚持，任何时候都不能动摇。

（4）必须深刻认识社会主义新闻事业的党性与人民利益的一致性。

（5）必须深刻认识社会主义新闻自由与资本主义新闻自由的本质区别，防止滥用新闻传播自由权利的现象。

坚持党对新闻工作的领导

坚持党对新闻事业的领导，是无产阶级新闻工作的基本原则。无产阶级新闻事业要始终自觉地把自己作为党手中的舆论工具，党也要自觉加强对新闻工作的领导。在我国社会主义制度下，所有的新闻事业都必须接受党的领导。

各级党委都要始终高度重视新闻宣传工作，不断加强和改善党对新闻工作的领导，切实负起政治责任。各级党委要了解并尊重新闻工作的特点和规律，更好地实现党对新闻工作的领导。坚持党对新闻工作的领导，必须坚持民主与集中的统一，内部自由发表意见和公开报道遵守宣传纪律的统一。党报党刊一定要无条件地宣传党的主张。

党对新闻事业的领导，主要是思想上、政治上的领导，是对宣传党的思想观点、方针政策的领导。改善党对新闻事业领导的一个重点在于，按照新闻工作的特点和规律，在实行政治思想领导的同时，要鼓励新闻媒体和新闻工作者充分发挥积极性、主动性和创造性。新闻工作者服从党的领导，不仅指组织上的服从，而且还可以通过自己的创造性工作，使党的思想观点、党的方针政策，迅速、广泛、准确和生动地同群众见面。在政治上同党中央保持一致的前提下，新闻工作者可以充分发挥自己的聪明才智。新闻工作要做到既有严格的组织性、纪律性，又要有高度的主动性和创造性。

坚持党性和人民性的统一

习近平总书记指出，要坚持党性和人民性相统一，把党的理论和路线方针政策变成人民群众的自觉行动，及时把人民群众创造的经验和面临的实际情况反映出来，丰富人民精神世界，增强人民精神力量，满足人民精神需求。

党性和人民性从来都是一致的、统一的。我们党是全心全意为人民服务、代表中国最广大人民根本利益、来自人民为了人民的马克思主义政党。从本质上说，坚持党性就是坚持人民性，坚持人民性就是坚持党性。

党的利益与人民利益相统一。全心全意为人民服务是党的根本宗旨，以人民为中心是党的一切工作的出发点。党代表最广大人民群众的根本利益，党没有自己的特殊利益。人民的利益就是党的利益，人民的追求就是党的追求。

党的执政地位与人民的主体地位相统一。我国是人民当家作主的社会主义国家，人民是国家的主人。党作为执政党，代表人民治国理政。党的执政地位来自人民的授权和拥护，人民是党执政的最深厚基础。

党在新时代的历史使命与人民的愿望要求相统一。党在新时代的历史使命，正是广大人民的迫切愿望。人民要求国家富强、生活富裕，劳动更有尊严，生活更加体面，在改革发展中有更多的获得感。

党和人民关系相统一决定了新闻舆论工作党性和人民性相统一。党的新闻舆论工作性质与人民对新闻舆论的要求相一致。党的新闻舆论工作坚持以人民为中心的工作导向，就要与党和人民同呼吸共命运。党性和人民性都是整体性的政治概念。党性寓于人民性之中，人民性体现在党性之中。没有脱离人民性的党性，也没有脱离党性的人民性。只有站在全党的立场上、站在全体人民的立场上，才能真正把握好党性和人民性。

党性来源于人民性，党性引领人民性。党是中国工人阶级的先锋队，也是中国人民和中华民族的先锋队，代表中国先进生产力的发展要求，代表中国先进文化的前进方向，代表中国最广大人民的根本利益。这种先进性集中体现了人民群众的要求，引领人民性发展的方向。

坚持党性和人民性相统一，就要坚持认识上的一体性，不能把二者对立、割裂，二者内在统一，相辅相成，你中有我，我中有你，坚持党性就是坚持人民性，坚持人民性就是坚持党性。把党性与人民性割裂甚至对立起来，认为人民性高于党性，坚持党性会损害人民性，这既不符合马克思主义新闻观，也脱离党的新闻工作实践。

坚持党性和人民性相统一，就要坚持实践上的一体性，把宣传党的主张和反映人民呼声有机结合，二者不是各自独立的工作，更不是对立的工作，而是一体进行的工作，既接天气，又接地气。宣传党的主张要有群众视角，找到对接点，让人民群众喜闻乐见；反映人民呼声，回应社会关切，要有全局视野，促进党和政府政策主张更加完善有效。

四、舆论导向

复习要点提示

- 熟悉舆论导向的含义。
- 掌握坚持正确舆论导向的基本要求。
- 掌握新闻宣传的时度效。

舆论导向的含义

舆论导向指的是新闻宣传中占主导地位的舆论导向。舆论导向直接影响广大社会成员的思想和行动，关系革命和建设事业的成败、党和人民的祸福，是新闻工作中一个需要高度重视、万万不可掉以轻心的原则性问题。能否正确把握舆论导向是检验新闻工作党性的重要标尺。社会主义新闻事业的一项重要任务就是把握正确的舆论导向，坚持用正确的舆论引导人，同时做好错误舆论的转化工作。

把握正确的舆论导向，用正确的舆论引导人，是实施社会控制的一种重要手段。舆论反映人心向背，虽然它对任何人都不发生强制作用，它不能命令人们的行动，也不能规定人民的行为，但它却能产生一种精神的、道义的力量，给人以压力。有的时候，公众的谴责甚至胜于法律和组织纪律的处理。马克思把舆论看作一种普遍的、隐蔽的和强制的力量。

报纸、广播、电视等新闻媒介是舆论的载体，也是舆论的扩大器，在把握正确的舆论导向方面有着十分重要的作用。舆论一经新闻媒介传播，便会在社会上产生影响；一项政策、一种主张经过新闻媒介的宣传解释，就会逐渐被越来越多的人接受。经过新闻媒介广泛传播的意见，往往会成为社会舆论的主流。1996年，江泽民同志在视察人民日报社时更是把舆论导向问题提到一个新的理论和认识的高度来强调。他深刻地指出：“历史经验反复证明，舆论导向正确与否，对于我们党的成长、壮大，对于人民政权的建立、巩固，对于人民的团结和国家的繁荣富强，具有重要的作用。舆论导向正确，是党和人民之福；舆论导向错误，是党和人民之祸。”这一论断以鲜明简洁的语言，深刻地阐述了舆论导向与党和人民利益的密切关系，指明了新闻宣传工作所肩负的“以正确的舆论引导人”的光荣使命和艰巨任务。

坚持正确舆论导向的基本要求

社会主义新闻事业是党和人民的喉舌，肩负着宣传、教育、鼓舞、引导全党同志和全国各族人民积极投身社会主义现代化建设的光荣而艰巨的使命。正确把握舆论导向，是坚持新闻宣传工作党性原则的要求。

坚持正确的舆论导向，根本的是要以马克思列宁主义、毛泽东思想、中国特色社会主义理论体系为指针，自觉地在思想上、政治上、行动上同党中央保持一致，坚定不移地贯彻党的基本理论、基本路线、基本纲领和基本经验，认真宣传党的各项方针、政策，把人民群众的思想统一到中央的精神和工作部署上来，积极推进物质文明、精神文明、政治文明和生态文明建设，促进国民经济持续快速协调健康发展和社会全面进步。

（1）坚持正确的舆论导向，首要的是坚持正确的政治导向。新闻工作者要不断增强政治敏锐性和政治鉴别力，在事关政治方向、政治原则的问题上时刻保持清醒头脑，做到旗帜鲜明，立场坚定，大事面前不糊涂，关键时刻不动摇。

（2）坚持正确的舆论导向，必须增强政治意识、大局意识、责任意识。新闻宣传工作是党和国家工作大局的重要组成部分，从来都是为党和国家发展服务的。

（3）坚持正确的舆论导向，必须唱响主旋律，打好主动仗。在思想空前活跃，社会价值呈现多样化趋势，影响群众思想的因素和渠道越来越复杂多样，社会舆论存在不同声音甚至杂音噪音的情况下，新闻工作要积极主动地用正确的思想舆论去反对和克服错误的思想舆论，保持正确思想舆论的主导地位，巩固和发展全国人民团结奋斗的思想基础。

（4）坚持正确的舆论导向，必须贯彻团结稳定鼓劲、正面宣传为主的方针，还要善于和敢于回答广大群众面临的焦点、热点、敏感问题。

把握新闻宣传的时度效

习近平总书记指出：“要抓住时机、把握节奏、讲究策略，从时度效着力，体现时度效要求。”习近平总书记关于时度效的重要论述，体现了我们党对新媒体条件下新闻舆论工作规律的透彻认识和深刻把握，对做好当前新闻舆论工作具有重要的指导意义。

党的新闻舆论工作是一门科学，必须按照规律办事。时度效是检验新闻舆论工作水平的标尺。不管是主题宣传、典型宣传、成就宣传，还是突发事件报道、热点引导、舆论监督，都要从时度效着力、体现时度效要求。

时：掌握时机节奏。时，就是时机、节奏。精准把握时机、节奏，对做好新闻工作至关重要。准确把握新闻报道的最佳时机，在合适时间编发合适的报道，才能充分利用新闻资源，有效回应公众关切，实现报道价值的最大化。时效决定成效，速度赢得先机。没有时效性就没有新闻。

度：把握力度分寸。度，就是力度、分寸。新闻报道该造势的要造势，但不能在个别用词上大造其势；该突出的要突出，但不能渲染过头，都搞成排浪式宣传；该有力度的要有力度，但不能大轰大嗡，不能为取悦受众而“失向”、因盲目介入而“失准”、为吸引眼球而“失真”、为过分渲染而“失范”、为刻意迎合而“失态”。要因事制宜、因时制宜，精准研判舆情，恰如其分掌握舆论引导的密度和尺度，既不把大事说小，也不把小事说大。什么问题适宜在什么范围内报道，什么问题强化报道、什么问题淡化报道，要认真研究，掌握好火候。需要区别不同情况、不同内容，合理运用媒体和宣传方式，有的需要各类媒体和各种方式一起上，有的更适宜传统媒体发声定调，有的则适宜网上来网上去，这些都要视情况而定。掌握新闻舆论引导的“度”是做好新闻工作的基本功。

效：讲求效果实效。效，就是效果、实效。新闻舆论工作最终要看效果，这个效果就是群众口碑好、社会共识强。要抓住涉及治国理政的战略问题、广大群众关注的现实问题、国内外发声的热点问题，找准思想认识的共同点、情感交流的共鸣点、利益关系的交汇点、化解矛盾的切入点，不断提高工作实效。做好新闻舆论工作，要讲求艺术、改进方法，注重联系实际阐释理论、围绕关切解读政策、针对问题解疑释惑，增强说服力、感染力。对一些重大敏感问题，要掌握好介入点，把握节奏、顺势而为，防止形成炒作。这就要求新闻舆论工作要以宣传效果为最终目的，改进方法手段，实现传播效果最大化。要坚持全局视野、百姓视角，把宏观叙事和新闻故事结合起来，把政策解读和民生解答结合起来，让新闻报道更轻快、更活泼、更亮眼，新闻评论更新颖、更精辟、更务实，新闻传播方式更鲜活生动、更接地气、更有活力，不断增强新闻报道的贴近性和吸引力。

坚持正确的政治方向、舆论导向和价值取向

2018 年 4 月 20 日至 21 日，习近平出席全国网络安全和信息化工作会议并发表重要讲话，指出：要加强网上正面宣传，旗帜鲜明坚持正确政治方向、舆论导向、价值取向，用新时代中国特色社会主义思想和党的十九大精神团结、凝聚亿万网民，深入开展理想信念教育，深化新时代中国特色社会主义和中国梦宣传教育，积极培育和践行社会主义核心价值观，推进网上宣传理念、内容、形式、方法、手段等创新，把握好时度效，构建网上网下同心圆，更好凝聚社会共识，巩固全党全国人民团结奋斗的共同思想基础。

新形势下提高对网络舆论的引导能力，必须做大做强做活网络主流意识形态传播，以正面声音引领多元多样多变的网上舆论，用网民喜闻乐见的方式，宣传主流价值，彰显时代精神，引领道德风尚。

五、舆论监督

复习要点提示

- 了解舆论监督的实质。
- 掌握舆论监督的社会功能。
- 掌握正确行使舆论监督职能。
- 掌握舆论监督的原则。
- 掌握提高舆论监督水平的重要前提和根本保证。
- 理解舆论监督和正面宣传统一关系。

舆论监督的实质

舆论监督的实质就是人民的监督。

舆论监督作为一种特殊的社会监督机制，在整个社会监督体系中，在社会主义民主建设中具有重要的地位，是社会主义民主和法制建设的重要参与力量。

舆论监督是社会主义民主建设的推动力。舆论监督提高和深化了广大人民群众的公民意识，是树立民主与法制意识的有效手段。民主与法制，既是舆论监督机制运行的先决条件，又是舆论监督的重要内容，舆论监督的实施与效果呈现，本身就是社会主义民主与法制的实践体现。舆论监督的进步与发展，反映了民主与法制的进步与发展。

舆论监督是人民群众参政议政的重要方式。民主制度建设的关键在于为社会公众提供有效的传达意见的渠道和参政议政的渠道，通过新闻传播媒介实行的舆论监督，是一种公众广泛参与、公开表达意见的社会监督。舆论监督对于发扬人民当家作主的精神，培育公民的法制意识，保护公众积极的参政议政热情，加强公众对国家事务、公共事务的监督，具有重要作用。

舆论监督是社会主义民主建设的重要内容。舆论监督活动实际上是与社会民主的观念和制度紧密联系在一起的，没有社会民主在观念上的认同和制度上的保证，舆论民主和舆论监督就会陷入尴尬的境地。在新的历史时期，进一步维护和保障社会公众的知情权、言论自由权、舆论行为权，是社会主义民主与法制建设的一项重要内容。

舆论监督是决策民主化、科学化的有效途径。新闻传播媒介是现代社会人们参政议政的重要渠道，通过这个渠道，社会公众可以在重大决策制定前后或实施过程中，对决策进行广泛的评议和论证，为政府部门提供可靠的民意和社情参照，从而为各项政策的制定与完善贡献力量。

舆论监督是揭露腐败、反对官僚主义的有力武器。舆论监督对社会秩序和社会风气的维护与保障作用，主要是通过对各种丑恶现象的公开报道进行的。舆论监督在惩治腐败、倡导廉政、强化执法力度、保持政令畅通、加强行政管理、提高工作效率、反对官僚主义、监督干部尽职守责方面作用重大。

舆论监督的社会功能

舆论监督是一种广泛的社会监督和群众监督，是公众运用舆论手段对社会所实行的监督，而新闻舆论监督是最主要最常用最有效的一种方式。新闻舆论监督是新闻传媒运用新闻舆论手段对社会所实行的监督，实施新闻舆论监督的机构有报社、出版社、通讯社、广播电台和电视台等。

新闻舆论监督是人类文明的产物。在我国社会主义初级阶段，作为权力制约体系有机组成部分的新闻舆论监督，与立法监督、司法监督、行政监督、党内监督和群众监督一起，构成了有中国特色社会主义的监督体系。马克思主义新闻观认为，舆论监督本质上是人民群众利用新闻媒体对社会公共事务行使民主权利而进行的监督活动。新闻舆论监督就是新闻媒体代表人民通过对事物的评价和批评，明辨是非，维护真理，伸张正义，促进事物的转化，影响事物的进程，从而实现对国家事务、经济文化事业和社会事务的管理。因此，对社会丑恶现象和党内腐败现象实施舆论监督，是党和人民赋予新闻媒体的基本权利和义务，是新闻工作者义不容辞的社会责任，也是增强党报的战斗力、影响力的一项重要工作。

新闻事业的舆论监督主要有以下几种功能：

（1）监测环境功能。

舆论监督对社会发展具有“晴雨表”和“候风仪”的监测作用。舆论监督能够不断地向社会及公众提供新的社会热点、焦点和社会发展的最新信息，同时引导社会公众密切注视社会发展过程中出现的新事物、新问题、新动向。舆论监督对社会的监视还表现在对社会发展过程的监视，不断跟踪社会发展进程、不断关注和评价这一进程、为社会进程的良性发展扮演守望者角色。舆论监督对社会监视还表现在对社会发展的效果评价上。

（2）社会调节功能。

舆论监督可以对社会心态、社会意见进行调节、疏导和重新整合，充当社会的“传声筒”和“排气阀”，传达呼声，宣泄积郁，满足愿望，从而使整个社会在心态上维持在一个理想的安全值上。

（3）社会控制功能。

舆论监督以舆论、宣传、教育的手法去影响和引导公众的价值观和行为方式，预防和制止社会越轨行为。舆论监督为社会成员提供符合社会目标的价值观念和行为模式，调节人际关系，指导和制约社会成员的社会行为，成为社会转型时期最迅速、最灵敏、最有效的反应。

（4）社会制衡功能。

在社会主义民主政治的条件下，舆论监督所代表的是多数人的意志。这种权力在进行权力制约和权力抗衡的时候，以新闻舆论的形式出现，其监督的领域广、反应迅速、参与公众多、影响效果大。

（5）舆论监督是一种动态平衡的社会监督。

第一，舆论监督积极主动地介入监督领域，许多社会问题、社会事件首先是以舆论监督形式表现出来的。第二，舆论监督是一个动态过程，总是严密跟踪监督目标与对象行为的发生发展过程，能够做到在否定自己的基础上求得正确的监督。第三，舆论监督的公正性来自操作中的平衡手段。不同的意见、不同的观点、不同的结论，在机会平等的基础上，实现最终的平衡。

正确行使舆论监督职能

舆论监督的实现途径和实施手段是多种多样的，通过公开地报道事实、树立典型、批评越轨、及时褒贬、设置议题、组织讨论等手段，一方面对社会公众进行广泛的道德风尚教育，引导人们按照法律、规章、制度的要求从事社会活动，引导人们遵从、仿效符合时代文明和道德标准的好人好事；另一方面，对各种落后、阴暗、消极、腐败现象进行公开的揭露与谴责。通过正反两个方面的教育，在社会公众中形成比较一致的价值取向和道德要求。

新闻舆论监督负有重要的历史使命，新闻工作者在履行监督职责时，要学会正确行使舆论监督职能。

要把社会责任放在首位。做好新闻舆论监督工作，必须树立强烈的社会责任意识，坚持为人民服务、为社会主义服务、为党和国家工作大局服务，注重新闻舆论监督的社会效果。

要遵守纪律和法律，恪守新闻道德。在实施新闻舆论监督的过程中，要严格地按照法律、政策办事，在法律许可范围内履行其社会责任。

要接受党、政府和人民群众的监督。新闻舆论监督的权利是宪法和法律赋予的，是党和人民赋予的。法律保护新闻媒体的舆论监督权和新闻工作者正当行使舆论监督的权利，同时也要对其进行监督和制约，以防止舆论监督的失范和滥用。

坚持建设性监督、准确监督、科学监督、依法监督的原则

开展舆论监督要重视建设性监督。舆论监督要善于处理好改革、发展与稳定的关系，把舆论监督的力度与社会、人民群众的承受程度结合起来。舆论监督效果要有利于改进工作和解决问题，有利于稳定大局和振奋民心，有利于中央的统一工作部署和维护中央的威信。

对于舆论监督报道，习近平总书记强调，一定要“事实准确、分析客观”。他指出：“真实性是新闻的生命。要根据事实来描述事实，既准确报道个别事实，又从宏观上把握和反映事件或事物的全貌。”首先，事实准确是舆论监督报道最重要的原则。媒

体开展舆论监督报道，必须坚持实事求是的精神，确保事实准确，细节经得起核对和推敲。要深入调查，多方听取意见，得出合乎事实的结论。其次，要在准确报道具体事实的基础上，力求从宏观上把握和反映事件或事物的全貌。记者在进行批评性报道时，不能先入为主，更不能把自己放在“裁判官”的位置。要坚持马克思主义立场、观点、方法，除一因一果外，更要注意一因多果、一果多因、多因多果、互为因果、因果转换等复杂情况，要搞清楚是个别真实还是总体真实，避免主观片面、以偏概全。

开展舆论监督要注意监督的科学性。在监督过程中把握好“适时、适量、适宜”的度，注意平衡，掌握尺寸。舆论监督要对社会现实和社会发展的主流与本质有正确的判断，在科学调查的基础上，对事物的整体进行全面认识，使舆论监督达到正确的平衡。

舆论监督要遵纪守法。舆论监督的运作必须严格限定在法律、制度、政策以及社会道德规范允许的范围内。在社会主义市场经济条件下，舆论监督要遵纪守法，严格执行宣传纪律，按照相关法律、政策和规定办事。

把握大局，提高舆论监督水平

加强对马克思主义新闻观中关于舆论监督思想的学习，是我们搞好新闻舆论监督工作的重要前提和根本保证。

一是要划清马克思主义新闻观的舆论监督同新闻媒体是“第四权力”等资产阶级新闻理论的界限。马克思主义的舆论监督思想与资产阶级“第四权力”的“新闻自由”观的一个根本区别在于，新闻媒体不可能独立于政党之外。新闻媒体的舆论监督，既是人民群众赋予的权利和义务，也是党和政府赋予的权利和义务。舆论监督既是党的批评与自我批评的作风通过新闻手段的反映，也是人民群众依法管理好自己的事情所行使的民主监督权利。因此，否定舆论监督的观点是极其错误的，而把舆论监督凌驾于党和人民之上的观点更是极其错误的。

二是舆论监督必须坚持党性原则。坚持党性原则，也就是坚持工人阶级和人民群众的根本利益的原则，就是要站在党的立场，站在党和人民利益的立场，在新闻宣传中体现党的纲领、路线、方针、政策。新闻媒体是党和人民的耳目喉舌，是社会舆论的代表，是真理的传播者，是社会不倦的守望者。记者从事舆论监督报道，必须为党和人民利益鼓与呼，而决不允许站在个人和小团体的立场，以舆论监督的名义，谋自己的私利。

三是要有大局意识和责任意识，从有利于安定团结和社会稳定出发，促进问题的解决。舆论监督从大局出发，首先，要求舆论监督要有明确的目的，要有利于帮助有关方面改进工作，为党和国家的工作大局服务，不能为了别的什么目的，或图一时之快，给党和政府的工作添乱。其次，要透过错综复杂的社会现象抓住具有典型意义的事件，选准批评对象。舆论监督，监督的主要对象是干部而不是一般群众；是政治问题、政策问题、作风问题、纪律问题，而不是一般问题。舆论监督应该坚持团结、稳定、鼓劲，以正面宣传为主的方针，形成有利于推进改革开放、发展社会生产力的舆论。

四是舆论监督要客观公正、实事求是、抓住本质、打中要害。真实是新闻的生命。真实更是舆论监督报道的生命。舆论监督的力量来自事实。事实的准确是舆论监督生命之所在。记者不仅要对事实本身负责，而且要对事实的使用的准确性负责。

五是舆论监督既然是党的一项重要工作，就要在党委领导下有序地进行。党委首先要大力支持新闻媒体搞舆论监督，对各级领导机关、领导干部也要进行马克思主义新闻观的教育。要教育各级领导机关、领导干部和广大党员正确对待舆论监督，认识舆论监督的重要作用，自觉地发扬党的批评与自我批评作风，自觉运用新闻工具指导工作，包括运用新闻媒体的批评报道，解决工作中的问题。党委加强对舆论监督的领导，还要对舆论监督给予积极引导。党委加强对舆论监督的领导，还要教育从事新闻舆论监督的记者，知法懂法，按法律办事。

舆论监督和正面宣传相统一

团结稳定鼓劲、正面宣传为主，是党的新闻舆论工作必须遵循的基本方针，是马克思主义新闻观的内在要求，是开创党和国家事业发展新局面的有力保障。牢牢坚持正面宣传为主，是新闻舆论工作的重心和支点。

新闻舆论是对客观事物本来面貌的反映。社会生活有具体的事情，又有整体的面貌。微观组成宏观，但宏观不简单等于微观相加。我国经济社会的主流是发展进步，基本面是正面的事物，是积极的因素，是向上的力量，社会向好，事业向前，人心向善；消极负面的东西只能是支流、局部性的，是经济社会发展进步潮流中泛起的泡沫。坚持正面宣传为主，才能真实反映我国经济社会发展进步的全貌，准确描述我国人民积极向上的心态，有效发挥新闻舆论工作的正面导向作用。

履行新闻舆论工作的职责使命，必须坚持正面宣传为主。习近平总书记指出："我们正在进行具有许多新的历史特点的伟大斗争，面临的挑战和困难前所未有，必须坚持巩固壮大主流思想舆论，弘扬主旋律，传播正能量，激发全社会团结奋进的强大力量。"为党领导的伟大斗争助力开路、凝心聚力，新闻舆论工作就要坚持正面宣传为主，真实反映社会主流，汇聚向上力量。

舆论监督和正面宣传是一个统一的有机体，二者是相辅相成、并行不悖的。

新闻媒体要直面工作中存在的问题，直面社会丑恶现象，激浊扬清、针砭时弊，同时发表批评性报道要事实准确、分析客观。舆论监督是人民当家作主的体现。毋庸讳言，我国经济社会发展阔步前进中，仍然存在着许多热点难点问题，社会上还有不少丑恶现象，人民群众也有一些不满意的地方。人民群众通过媒体监督党和政府工作、反映意见呼声，有利于改进党和政府工作，促进问题解决，疏导社会情绪，化解社会矛盾，促进社会和谐稳定。舆论监督的作用与正面宣传的作用总体上是一致的。问题就摆在面前，逃避问题更成问题。迎着问题上，是新闻舆论工作的责任和担当。关键是把握好舆论监督与正面宣传的合理布局，统一部署组织正面宣传和舆论监督，在坚持正面宣传为主的同时，发挥舆论监督的积极作用。舆论监督报道要事实准确、科学理性，着眼于建设性。

六、政治家办报办台

复习要点提示

- 了解政治家办报办台是社会主义新闻事业党性原则的要求。
- 了解政治家办报办台的基本要求。

“政治家办报”的提出与发展

坚持政治家办报办台是社会主义新闻事业党性原则的要求，是社会主义新闻事业的性质决定的，是实现党对新闻事业领导的重要保证。坚持政治家办报办台，是马克思主义新闻观的一贯主张。马克思和恩格斯曾经提出，党的机关报必须由站在党的中心和斗争中心的人来编辑，党报的编辑应当具有革命思想和无产阶级思想。列宁强调党的机关报应成为政治报纸，必须由忠于无产阶级革命事业的可靠的共产党人来主持。

毛泽东首次明确提出要“政治家办报”。1957 年 6 月间，毛泽东明确提出“政治家办报”这一概念，其核心思想是，办报的人，特别是新闻单位的领导者要有政治家的胸襟和见识，要能够从政治上总揽全局，抓住事情的要害，使新闻宣传紧密配合国内外的政治形势，为全党和全国工作的大局服务。毛泽东在吸纳列宁关于报刊党性原则思想的基础上，更多的是从无产阶级政党的性质、从革命事业发展的要求上来强调坚持党性原则的重要性。他要求党的报刊要“无条件地宣传中央的路线和政策”，在政治上和思想上与中央保持一致，组织上则应服从党的纪律，不允许任何同党闹独立的现象。为了保证党的报刊能够切实遵循党性原则，严守党的立场，毛泽东反复强调各级党的组织要重视党报工作，要把党报工作纳入党委议事日程，要严格加强对党报的领导。毛泽东关于“政治家办报”的思想其实也是其党性原则思想的重要内容。因为在毛泽东看来，唯有政治家办报，才能站得高，看得远，立得稳，保证党的报刊真正坚持党的纲领、路线、方针、政策，坚持社会主义道路，不偏离方向。毛泽东著名的“新闻、旧闻、不闻”的观点，也同他的政治家办报的思想相联系。按他的思想，一家对党和人民负责的报刊，一个对党和人民负责的新闻工作者，在新闻报道过程中应当做到该抢则抢（新闻），该压则压（旧闻）。而对那些发表后会引发不良社会后果，对党和人民不利的内容就坚决不发（不闻）。

政治家办报办台的基本要求

坚持政治家办报办台是社会主义新闻事业性质的要求；坚持政治家办报办台是社会主义新闻事业党性原则的要求；坚持政治家办报办台是社会主义新闻工作者基本素质的要求。

要做到政治家办报办台，就要做到以下几点：一是讲政治、讲党性、提高政治素养。要善于从政治上总揽全局，抓住事情的要害。新闻工作要通过舆论导向、党性原则、宣传纪律、新闻价值取向、新闻敏感性等与讲政治的基本内容密切相关的内容和要求，体现政治性。二是保持清醒头脑，冷静处理问题。要保持清醒头脑，透过现象看本质，冷静、正确地分析、把握形势，从容应对可能出现的各种复杂情况，做到大局在胸，心中有数，自觉按照中央制定的政策和宣传方针组织报道，发挥新闻媒体的舆论导向作用。三是突出宣传重点，把握政治方向。坚持政治家办报，必须把握坚定的政治方向，具有很强的政治鉴别力和政治敏锐性，树立高度的政治责任感。在大是大非问题上立场坚定，站在党和人民的立场上考虑问题，旗帜鲜明地与党中央保持高度一致。四是增强全局观念，加强宏观意识。新闻工作讲政治绝对不是抽象的，而是十分具体的。讲政治就必须顾全大局，在处理新闻业务时要从有利于全党全国工作大局着眼，加强宏观新闻意识。五是讲究宣传艺术，提高引导水平。新闻工作者要做到知识广博，视野开阔，精通业务，遵纪守法，讲究宣传艺术，提高引导艺术。

在新形势下坚持政治家办报办台

在新的形势下贯彻政治家办报办台方针，要坚持党管干部、党管人才的方针，确保各级各类新闻机构的领导权牢牢掌握在忠于马克思主义、忠于党和人民的人手里。坚持政治家办报办台，就要适应新时期新闻舆论工作的需要，高标准地搞好新闻队伍建设。新闻工作者，特别是共产党员和领导干部，必须努力提高自己的思想政治素质和业务素质。

新闻工作者要打好理论路线根底。要坚持马列主义、毛泽东思想和中国特色社会主义理论体系，坚持党的基本路线，用以指导自己的思想和工作。理论路线根底打好了，不管情况多么复杂，形势怎样变化，都会保持坚定正确的政治立场和政治方向。

要打好政策法规纪律根底。要牢牢掌握中央的方针政策，牢牢掌握国家的法律法规，严守新闻工作纪律。新闻工作是政治性、政策性极强的工作，新闻工作者如果对党的方针政策和国家的法律法规不懂不熟悉，那就宣传不好，甚至出现误导，给党和人民的事业带来不应有的损失。

要打好群众观点根底。新闻工作、党报工作，说到底，也是群众工作，是我们党联系群众的重要纽带。密切联系群众，是新闻工作者的必修课和基本功。大家要树立牢固的群众观点，同广大人民群众同呼吸，共命运，善于做调查研究工作，紧扣时代的脉搏，倾听群众的心声，多写反映改革开放和社会主义现代化建设的好作品。

要打好知识根底。知识就是力量。新闻工作者首先要努力掌握与自己的业务工作直接有关的知识，同时，还要博览群书，哲学、政治、经济、法律、历史、文学等方面的书籍都应读一些，科技知识也应尽可能多学一些。党的新闻队伍中应该多出一些既懂政治、学识又渊博的编辑、记者、评论员。

要打好新闻业务根底。新闻工作，无论编辑、采访，都需要有业务能力，特别是要有很好的文学修养。现在，媒体刊播的许多报道，主题好，内容好，语言也很精彩，使人在受教育的同时，也得到美的享受。但是也有一部分新闻作品，不讲究辞章文采，文字干巴巴的，翻来覆去老是那么几句套话，也有的哗众取宠，乱造概念，词句离奇，使人看不懂，这种不良文风应加以纠正。要大力提倡新闻工作者苦练基本功。

七、新闻真实性原则

复习要点提示

- 掌握新闻定义的内涵。
- 掌握新闻真实的本质要求与具体要求。
- 了解实事求是是新闻工作的根本出发点。
- 掌握新闻准确、公正、全面、客观的报道原则。
- 深入理解新闻报道必须以事实为依据。
- 了解当前新闻真实性方面存在的问题，并掌握如何坚持新闻的真实性。

新闻是新近发生的事实的报道

新闻是新近发生的事实的报道。这个定义是我国现在普遍沿用的陆定一同志在《我们对于新闻学的基本观点》一文中提出的概念。

新闻定义的内涵

这一定义明确而简洁地说明和规定了新闻的根本特性——对事实的报道，并且是对真实、新鲜事实的报道，突出了新闻“真”与“新”的个性特征，具有理论和实践的双重意义。新闻定义的内涵明确简洁地概括了新闻的特点。

第一，事实是新闻的本源，新闻的内容和形式都离不开事实。从内容上说，新闻必须是以事实为根据的真实信息；从形式来说，新闻必须用事实说话。

第二，新闻必须具有新意。构成新闻的事实，要能满足人们未知、欲知、应知的需要。

第三，新闻并非事实本身，而是对事实的报道，是新闻报道者对客观事实的一种反映。

第四，新闻必须是公开传播的事实，只有采用新闻手段，通过新闻渠道传播的事实，才能成为新闻。如果报道在小范围或内部传播，就不能构成新闻。

第五，报道及时。新闻必须注重时效，失去时效，新闻就会成为旧闻。

真实是新闻的生命

真实是新闻的生命。坚持新闻报道的真实性，是社会主义新闻事业必须始终遵循的一条基本原则。坚持新闻真实是新闻媒体取得公众信任的前提，是新闻工作者职业道德的基本要求，是新闻事业存在和发展的根本立足点。新闻是面向社会的信息传播，新闻真实不仅关系到社会成员的利益，而且关系到社会的稳定和国家的利益。失实的新闻报道是新闻工作的大敌，是社会的公害。坚持新闻的真实性，是新闻事业一项不可动摇的基本原则，必须坚持不懈，持之以恒。

新闻真实的本质要求与具体要求

新闻真实的基本含义是：客观事实是新闻的本源，新闻是对客观事实的真实反映。

新闻真实的本质要求是：本质真实。

所谓本质真实，是指新闻报道要反映出事物的内在品质和规律。社会主义的新闻报道确实有一个反映生活本质、时代本质和历史本质的问题。对本质真实的要求是有条件的，并非所有的新闻报道都要做到反映事物的本质。其实，大量的深度报道，包括一些解释性报道、评述性报道、调查性报道以及工作通讯、事件通讯、新闻评述，等等，都属于将现象真实与本质真实相结合的报道。本质真实是指新闻报道要反映出事物的内在品质和规律。新闻报道不能仅仅要求报道事物的表面的、现象的真实，而应当尽可能做到全面、深刻地反映事物的内在品质和规律，即应力求做到对所报道事物的整体上、宏观上和本质上的把握。这既是整体真实、宏观真实的含义，也是本质真实的含义。

新闻真实的具体要求是：对事实的报道必须准确无误。主要包括四个方面的内容：

第一，构成新闻的要素“五个W”要准确无误。也就是说，新闻中的事实无论是时间、地点、人物还是事件发生、变化的原因，都应当是实实在在、确凿有据的，不能有半点误差。这些都是新闻报道的事实的元件，必须准确。

第二，事实的细节描述要有根有据，符合实际。比如事实表现出来的特征、状态及数量，人物的语言、外貌、动作等，都必须完全真实，不能想当然地“笔下生花”“合理想象”。

第三，新闻中使用的背景材料要真实可靠。背景材料应与事实直接相关，而不是牵强附会随意选取的。背景材料所涉及的时间、地点、人物、数字、语言、引文，都应当可查可考，不能任意编造。

第四，新闻中所概括的事实要符合客观实际。概括的事实常常具有归纳、综合的特点，是为了更好地描述事实的总体特征和整体面貌。但它必须真实、准确，符合实际，决不能以点代面，以偏概全。

实事求是是新闻工作的根本出发点

实事求是是马克思主义的思想基础，是中国共产党的思想路线，也是我国社会主义新闻工作的根本出发点。在新闻工作中坚持实事求是，就是要坚持党性和真实性的一致性。显示生活是复杂的，要找几个事例来证明某个观点并不难。一叶障目，不见泰山，抓住一点，不及其余，尽管这一叶、一点确实存在，但从总体上来看却背离了真实性。新闻工作者要做到全面真实地反映生活，必须从整体上、大局上看问题。要防止搜奇猎异，防止捕风捉影。

坚持准确、公正、全面、客观的报道原则

新闻报道要坚持准确、公正、全面、客观的报道原则，这是新闻传播内在规律的要求，也是社会主义新闻事业普遍遵循的一条原则。

准确：是相对错误而言的。报道新闻时事实必须准确无误。这里包括构成新闻的要素要准确无误；事实的细节描述要有根有据，符合实际；新闻中使用的背景材料要真实可靠；新闻中所概括的事实要符合客观实际。

公正：是指新闻报道应秉持公平的、平等的态度。报道事实时，不能以一己之利或一己之见决定取舍。当人民群众对所报道的事实以及对事实所作的评论出现意见分歧时，应尊重他们表达意见的权利，保持公正的立场。

全面：是相对片面而言的。任何事物都不是孤立地存在的，而是相互联系的；任何事物又都是矛盾的统一体，可以一分为二的。新闻报道选择事实时，应从事实的全部总和中去把握事实，从事实的相互联系中准确地描述事实，而不是孤立地、静止地、片面地看待事实。

客观：是相对主观而言的。新闻报道应从客观实际出发，客观地描述事实的状态、特征、变化、内在的因果关系及事物之间的联系，从而使报道的事实符合实际；而不应从主观意愿出发，任意摆弄客观存在的事实，或以主观意见代替客观事实。

准确、公正、全面、客观虽有各自的内涵和要求，但四者之间是互相联系的。世界上并没有什么完全孤立的事件，而总是在全局、整体中存在着，在事件与事件的相互联系中不断发展变化着，没有对客观事实的全面把握和真实报道，自然谈不上什么客观与公平；只有坚持客观报道，坚守公正立场，才能自觉地、准确地把握事实，并作出真实、全面的报道，从而赢得人民群众的信任。

当前新闻真实性方面存在的问题及如何坚持新闻的真实性

坚守新闻真实性是国际新闻界共同的“铁律”。我国新闻媒体是人民利益的代表，每个负责任的新闻机构，每个新闻从业人员，都必须坚持新闻真实性原则。但是，在新闻实践中，新闻失实一直伴随新闻业的发展历程，新闻失实成了中外新闻界的一种顽症。新闻失实是指新闻报道脱离和违背客观事实，未能反映事实真相的现象。新闻失实是新闻侵权、新闻犯罪的重要原因，严重损害媒体公信力。新闻失实可能制造社会矛盾，破坏社会政治、经济、文化的良性发展。

新闻失实的表现有两种：一是非故意性失实，没有主观故意，原始材料失实。二是故意性失实，主观失实。如，无中生有，凭空捏造；道听途说，以讹传讹；要件残缺，隐瞒事实；偷梁换柱，移花接木；歪曲真相，耸人听闻；添枝加叶，层层拔高；不懂装懂，因果不符等。

新闻失实的原因是多方面的。不仅有新闻工作者自身在观念、素质和作风方面的问题，更有着深刻的社会、政治、经济原因。如，传播者服务于特定政治需要，政治、经济、军事势力对新闻传媒的威逼利诱制造假新闻。媒介组织片面追求经济效益，“有偿新闻”和“有偿不闻”。社会不正风气影响，有人为了名利或报复，欺骗和利用新闻媒介和传播者。新闻工作者的专业素养和职业精神问题。采访不深入，核查不严格；思想方法片面，为突出主题不惜随意吹嘘或贬抑；“合理想象”，为抢时效，牺牲真实；知识不足，自以为是；名利思想作怪，受到钱权利诱。

进入互联网时代以后，虚假新闻也开始带有强烈的网络时代特征，它的发生原因、传播轨迹乃至揭发、证伪机制都具有鲜明的互联网特色。作为一种新的传播平台，互联网既为虚假新闻的制造与传播提供了许多便利，也为虚假新闻的揭发和纠错增加了可能。互联网对传统新闻业的冲击和改造之势不可逆转，这也意味着未来的虚假新闻将会更加深刻地与互联网纠缠在一起。

目前尽管虚假新闻的表现形态不同，但一个无可回避的现实是，造成媒体虚假新闻的原因绝非无解的难题，而往往是因为一些新闻业务的基础工作没有做到位，比如媒体在采访方面的失范。现代新闻业发展的一个重要标志就是采访行为的出现，它使得新闻记者真正成为一门职业，也是新闻不断迈向专业化过程的一个重要标志。经过上百年的新闻实践，新闻业已经形成了一套行之有效的新闻常规或惯例。互联网的出现固然便利了记者的新闻采访，但绝没有降低对新闻采访的规范标准，某种程度上反而提高了要求。新闻媒体及从业人员必须在保证速度的同时，力求信息的准确、平衡和客观。相关案例则表明，一些新闻媒体和记者有意或无意地忽略了这些最基本的要求。要么懒得采访或索性不做采访，直接将网络信息搬到报纸版面；即使做采访，也往往缺乏探求质疑和核实精神，浮于事实的表面。他们极大地依赖互联网用户提供的内容进行新闻生产，却忘记了严谨规范的新闻采访才是区分专业与业余的核心技能。

坚持新闻的真实性，防止虚假新闻，需要从新闻记者个体层面和媒体机构层面进行防范。新闻记者个体层面：要培养专业精神，加强职业自律，提高综合素养。媒体机构层面：在媒体机构管理上要完善新闻工作者的聘用制度，建立新闻工作者的培训、学习机制，坚持采编、经营分开的管理制度，建立完善的考核、奖惩机制，建立记者编辑信息记录体系，健全社会监督机制；在媒体采编流程上要加强采访环节管理，对消息来源严格把关，建立新闻求证机制，严守新闻内容编辑规范。

以辩证唯物主义反映论指导新闻工作

一切新闻报道都必须如实地报道事实的真相，客观地反映事物的本来面目。内容真实是新闻存在的基本条件，也是新闻报道的基本要求。真实对于新闻发挥影响力起着决定性作用，是新闻报道所追求的重要目标，真实性自然也成为一切新闻传媒普遍提倡的一项基本原则。

新闻真实性的内涵就是以事实为基础和依据来报道新闻，其本质就是一切从实际出发，坚持唯物论的反映论，用辩证唯物主义和历史唯物主义的方法如实地反映客观事物的本来面目。

新闻报道必须以事实为依据

马克思主义世界观认为，世界是物质的，客观的物质存在决定主观的思想意识。这一基本观点体现在新闻工作中，就是要求新闻报道要坚持实事求是，一切从实际出发，把客观事实作为新闻的本源，真正做到依据现实生活，依据物质存在，依据客观事实来反映和报道新闻。

有事实才能写新闻，没有事实就不能写新闻；有什么样的事实写什么样的新闻，按事物的本来面目进行描述；已经发生和正在发生的事实才能成为新闻报道的对象，尚未变为现实的猜测和设想不能成为新闻报道的对象。新闻的本源是事实，事实是产生新闻的根源，是构成新闻的根本因素。有了事实的发生、变动，才有新闻；没有事实，就没有新闻。新闻是通过真实地报道事实来完成自己使命的。

与事实相比，新闻是派生的。事实在先，新闻在后。事实是第一性的，新闻是第二性的。明确这一理论观点，正确处理新闻报道中事实和思想观点之间的关系，是对新闻工作者的一项基本要求。新闻工作者必须对事实采取老老实实的态度，尊重客观事实，事实是怎么样的，新闻报道就应该怎么样。如果在思想认识上颠倒了事实与新闻的关系，就会导致新闻报道的主观主义倾向，为歪曲事实、制造假新闻提供依据。

新闻手段

新闻事业属于思想上层建筑，它是通过特有的新闻手段反映社会生活的。这里所说的新闻手段是指消息、通讯、评论、新闻图片、标题、版面及节目编排等传播形式的总称，它们是新闻媒体进行新闻报道时普遍使用的手段。新闻手段最显著的特点就是报道事实，就事实发表评论，并以此区别于其他社会意识形式。它不能强迫人们信奉或放弃某种思想、某种观点，只能通过摆事实、讲道理来影响或说服受众。

新闻不同于艺术，就是要通过事实，运用新闻手段，来达到其社会功能。

全面把握和正确反映社会生活的本质和主流

新闻报道必须坚持辩证唯物主义和历史唯物主义的世界观、方法论，遵循新闻反映社会生活的运动规律，在把握具体事实真实的前提下，从事实的相互联系以及事实的总和中把握事实的整体真实；在反映事物外部状况的同时，反映事物的内在本质；在了解事物个别现象的过程中，深入了解事物现象的内在联系。要经过认真的分析、综合、比较、鉴别，在弄清楚事物的各个方面之后再作出判断。新闻工作者要做到全面真实地反映生活，就要从整体上、大局上看问题，正确反映社会生活的本质和主流。

发扬深入实际、调查研究、求真务实、实事求是的作风

社会主义新闻事业有责任向党和人民及时报道社会主义现代化建设中出现的新情况、新成就、新经验和新问题，及时传递世界上有关政治、经济、文化等方面的重要信息，在对客观实际情况有切实了解的基础上，新闻工作者才能提出真知灼见，才能提出正确的、有助于解决实际问题的意见和建议。

深入实际、深入生活、深入群众，认真细致地开展调查研究，

是新闻工作者的一项基本功，是衡量其工作态度、成绩优劣的重要标准。坚持调查研究，有助于提高新闻工作者对社会多样性和复杂性的认识，增长对社会的全面了解，有助于提高调查研究的水平，培养求真务实、实事求是的良好工作作风。

八、新闻价值

复习要点提示

- 了解新闻价值的含义。
- 了解新闻价值的要素。
- 掌握新闻价值的客观性与综合性。

新闻价值的含义

新闻价值是指事实所包含的足以构成新闻的种种特殊素质的总和。这些特殊素质的共同特征是：能引起广大受众的共同兴趣，能为广大受众所关注。因此，新闻价值的根本着眼点就是广大受众的普遍关注，它是我们衡量事实是否能成为新闻的一条重要标准。

新闻价值作为新闻学中的一个基本概念，主要基于以下原因被提出：一是无限的事实和有限的传播渠道存在矛盾，二是传播者的选择和广大受众需要之间的矛盾。

新闻价值的概念是在 1918 年开始被引进中国的，但后来也有相当长的一段时间，被当作资产阶级的新闻观加以摒弃。直到 1978 年十一届三中全会以后，新闻界才重新开始了对它的讨论。现在，新闻价值作为新闻理论的一个基本问题，地位已经确立。正确认识和把握新闻价值，对于新闻传播活动至关重要。

新闻价值的要素

（1）时新性：时新性有两层含义，一是指事实在时间上是新近发生的，二是指事实在内容上是新鲜未知的。

（2）重要性：指事实信息内容的重要程度，即事实所包含的社会意义。事实信息内容越重要，新闻价值越大。判定某一事实信息内容重要与否的标准，主要看其政治或社会意义的大小，及其对社会与公众产生的影响程度。对越多的人产生越大的影响，政治或社会意义越大，新闻价值也就越大。

（3）显著性：指事实信息中的人物、地点和事件的知名程度。越是著名、越是显要、越是突出的人物、地点和事件，越能吸引受众，新闻价值也越大。

（4）接近性：指事实信息内容与受众的接近程度。事实信息内容与受众在心理、利益和地理上越是接近和相关，其新闻价值越大。受众对与自己的心理和利益及所处地理环境接近的事实信息更感兴趣。

（5）趣味性（或人情味）：趣味性是指事实信息内容引起受众产生兴趣的程度。越是受众感兴趣的事实信息，新闻价值越大。

新闻价值的客观性与综合性

新闻价值的客观性指事实本身所具有的足以构成新闻的各种特殊素质是客观的，不以传播者的主观需要而增减。一是事实本身确实包含有这些素质，二是它能否成为新闻是由受众而不是由传播者的主观意志所决定的。但是，衡量客观存在的新闻价值，却是取决于新闻工作者的主观是否能够正确地反映客观。

新闻价值的综合性指受众在选择和判断事实时所反映出来的需求欲望、价值观念、社会心理等，总是受到一定社会的经济、政治和文化的制约。具体判断新闻价值，不仅包括信息价值，而且包括宣传舆论价值、文化教育价值，它是一个综合判断的过程。

新闻价值取向

新闻价值取向：人们对事实的新闻价值的评价尺度与标准。新闻价值选择的基本出发点是考虑受众的需要，因为只有能够适应和满足受众兴趣与需要的事实信息才具有新闻价值。因此，新闻传播者在新闻价值选择的过程中要善于掌握受众的心理，了解受众的兴趣与需要。新闻产品能否实现其价值，最终取决于它适应新闻市场需要的程度和结果，因此，新闻价值选择需要考虑一定时期新闻市场的需求和取向。新闻传播的主体是新闻传播者，新闻价值的选择也主要是通过新闻传播者来进行的。虽然新闻价值具有客观性，一条新闻其价值的大小是客观存在于构成这条新闻的事实信息之中的，但掌握了新闻价值理论，具有新闻价值选择与判断实践经验的新闻传播者在新闻价值的选择与判断过程中具有重要的作用。在新闻传播过程中，社会控制体现在一定的社会组织和社会机构对于传播内容和传播形式的制约和限制。这种制约和限制会直接影响到新闻价值的选择和判断。任何新闻媒介要想使其传播内容及传播行为得以顺利实现和完成，都必须以不违反社会控制者的制约和限制为条件。

九、新闻事业的性质

复习要点提示

- 了解新闻事业的含义。
- 了解新闻事业的性质。
- 掌握新闻舆论工作的地位作用。

新闻事业是一切新闻机构及其全部业务活动的总称。现代新闻事业包括报社、广播电台、电视台、新闻通讯社、新闻图片社、新闻杂志社、新闻纪录电影制片厂、互联网新闻网站等新闻机构及其业务活动。广义的新闻事业还包括新闻教育和研究机构及其教学、教育和学术研究活动。

新闻事业是一定社会的经济基础通过新闻手段的反映

新闻事业作为上层建筑的一部分，它产生于一定社会的经济基础，是一定社会的经济基础通过新闻手段的反映，同时，它又反作用于这一经济基础，并为这一经济基础服务，成为特定主体不可或缺的信息媒介和舆论工具。

新闻事业属于上层建筑意识形态范畴

按照马克思主义社会结构理论，新闻事业在社会结构当中不处于生产力层次，而是处于上层建筑层次。马克思主义社会结构理论认为，建立在一定社会经济基础上的上层建筑分为两个部分，一是政治上层建筑，二是思想上层建筑，也就是意识形态。新闻事业属于上层建筑意识形态范畴。

新闻事业是综合国力和国家形象的体现

新闻事业体现综合国力，主要在以下几个方面：一是信息力，新闻媒介是信息力的承载机构。二是舆论力，新闻媒介汇集与反映民意，是舆论的引导者，可以调动更多参与国家发展的力量。三是产业力，新闻事业为我国创造了巨大的经济效益与社会效益，为社会稳定提供了大量的工作岗位。四是文化力，新闻媒介作为最直接的文化因素，直接影响民族精神的培育与公民素质的养成。

新闻舆论工作的地位作用（“一项重要工作”“一件大事”“五个事关”）

在 2016 年 2 月 19 日召开的党的新闻舆论工作座谈会上，习近平总书记深刻阐述了新闻舆论工作的地位作用，“党的新闻舆论工作是党的一项重要工作，是治国理政、定国安邦的大事”。“做好党的新闻舆论工作，事关旗帜和道路，事关贯彻落实党的理论和路线方针政策，事关顺利推进党和国家各项事业，事关全党全国各族人民凝聚力和向心力，事关党和国家前途命运”。

新闻舆论工作的职责使命

在新的时代条件下，党的新闻舆论工作的职责使命是：高举旗帜、引领导向，围绕中心、服务大局，团结人民、鼓舞士气，成风化人、凝心聚力，澄清谬误、明辨是非，联接中外、沟通世界。

新时代赋予新任务，伟大事业需要凝聚伟大力量。作为党的工作重要组成部分的新闻舆论工作，在中国特色社会主义新时代，无疑要承担起更大的职责、更重的使命，为决胜全面建成小康社会，全面建设社会主义现代化强国，实现中华民族伟大复兴的中国梦，提供思想引领、价值导向、精神支持、舆论保障。

高举旗帜、引领导向，是新闻舆论工作政治性和导向作用的集中体现，关系旗帜、道路、方向这些关乎党和国家前途命运的根本性问题。高举旗帜、引领导向，就要牢固树立政治意识，增强道路自信、理论自信、制度自信、文化自信，坚持马克思主义指导地位，高举中国特色社会主义伟大旗帜，深入学习宣传贯彻习近平新时代中国特色社会主义思想，巩固马克思主义在意识形态领域的指导地位，巩固全党全国人民团结奋斗的共同思想基础。就要深入开展中国特色社会主义宣传教育，全面准确生动地解读中国特色社会主义道路、理论、制度、文化，以正确的舆论引导人，用生动的事实引导人，做到所有工作都有利于坚持党的领导和中国特色社会主义制度。

围绕中心、服务大局，是新闻舆论工作服务性和促进作用的集中体现，关系贯彻落实党的理论和路线方针政策，关系顺利推进党和国家各项事业。围绕中心、服务大局，就要坚持经济建设这个中心不动摇，心无旁骛，不受干扰，不偏方向，咬定青山不放松，一心一意谋发展。就要坚决服从服务于党和国家工作大局，服从服务于党和国家的决策部署，服从服务于推进改革发展稳定，坚持在大局下思考、在大局下行动，不缺位，不错位，有作为。就要认真贯彻中央决策部署，把经济宣传放到突出位置，用新发展理念指导经济宣传，用新常态的大逻辑研判经济形势，用供给侧结构性改革贯穿经济报道，用全面深化改革把握报道方向。深入解读经济政策，科学分析经济形势，热情宣传建设成就，展示经济光明前景，稳定人们经济预期。

团结人民、鼓舞士气，是新闻舆论工作人民性和鼓动作用的集中体现，关系落实党全心全意为人民服务的宗旨，关系党性和人民性的统一。团结人民、鼓舞士气，就要坚持以人民为中心的工作导向，服务人民，贴近人民，团结人民，激励人民，满足人民群众对新闻信息的需求。同时，把服务群众与教育引导群众相结合，把满足需求与提高素养相结合，丰富人民精神世界，增强人民精神力量。就要坚持团结鼓劲稳定、正面宣传为主，弘扬主旋律、传播正能量，多宣传报道人民群众的伟大奋斗和火热生活，多宣传报道人民群众中涌现出来的先进典型，让人民群众唱主角、发强音。就要着力增强全民族的精神力量，多宣传报道经济社会发展亮点，多宣传报道时代发展的主流面貌，激发全党全社会团结奋进、攻坚克难的强大力量，调动各方面积极性主动性创造性。

成风化人、凝心聚力，是新闻舆论工作文化性和教育作用的集中体现，关系树立社会主义核心价值观，关系形成良好社会风尚、社会面貌。成风化人、凝心聚力，就要发挥文化教育作用，提倡文明道德，弘扬正风正气，引领社会风尚，引导教化群众，凝聚精神力量，激发精神活力。就要大力宣传社会主义核心价值观，使社会主义核心价值观内化为人们的精神追求，外化为人们的自觉行动。就要积极宣传优秀道德文化，扬社会之善，褒正气之举，鞭丑恶之行，推动形成良好党风政风民风家风。就要深入宣传时代精神，鼓励人们改革创新、奋斗奋进、实现价值，为改革发展凝聚强大力量。

澄清谬误、明辨是非，是新闻舆论工作原则性和思辨作用的集中体现，关系意识形态安全，关系形成社会共识。澄清谬误、明辨是非，就要激浊扬清，是非分明，传播真理，批判谬误，壮大主流声音，增强意识形态主导权。就要敢于亮剑交锋，不给错误思想、错误观点以空间，用真理的力量说服人，用生动的事实教育人。就要敢于面对矛盾问题，善于科学分析问题，理性回答问题，回应社会关切，解疑释惑，析事明理，引导群众形成共识。

联接中外、沟通世界，是新闻舆论工作开放性和沟通作用的集中体现，关系坚持扩大对外开放基本国策，关系增强国家文化软实力。联接中外、沟通世界，就要统筹国内国际传播，把握国际新闻传播趋势，有效扩大中国新闻传播的世界影响力。就要坚持国家站位、全球视野，运用现代传播手段和国际传播渠道，讲好中国故事，讲好中国正在做的事情，讲好中国自己的特色，讲好中国与世界的关系，讲好“一带一路”倡议，传播好中国声音，增强国际话语权。就要加强国际新闻舆论交流合作，学习国际先进传播技术，借鉴人类优秀文化成果，促进各国人民之间的相互沟通和了解。

六个方面、“48个字”的职责使命，涵盖新闻舆论工作的方方面面，体现了思想性、理论性和实践性、指导性的统一，体现了继承传统与开拓创新的统一，是相辅相成、相得益彰的有机整体。

十、贴近实际、贴近生活、贴近群众

复习要点提示

- 了解“三贴近”原则的含义和基本要求。
- 理解按照“三贴近”原则加强和改进新闻宣传工作。

“三贴近”原则的含义和基本要求

贴近实际，就是新闻工作要立足于社会主义初级阶段这个最大的实际，始终坚持解放思想，实事求是，与时俱进，紧跟时代步伐，适应现阶段经济、政治、文化发展的实际状况和要求，适应不断发展变化的客观现实，真实反映改革开放和现代化建设的实践，坚持把发展作为第一要务，更好地为党和国家的中心工作服务，为大局服务。要树立实践的观点，把回答和解决实践提出的重大课题作为新闻宣传工作的中心任务，从实际出发部署工作，按实际需要推进工作，以实际效果检验工作，使新闻宣传工作更加具体实在，扎实深入。

贴近生活，就是新闻工作者要深入到火热的现实生活中去，深入到社会经济、政治、文化生活和人民群众的日常生活中去，反映客观现实，把握社会主流，解决具体矛盾，更好地融入生活、服务生活、引导生活。要始终把工作视点对准火热的生活，关注朴素平凡的生活细节，聚焦丰富多彩的生活场景，从现实生活中挖掘生动事例，汲取新鲜营养，展示未来生活的美好前景，激励人民群众同心协力，奋发图强，为创造更加美好的新生活而共同奋斗，使新闻报道更加入情入理，充满生活色彩，富有生活气息。

贴近群众，就是新闻工作要深深扎根于群众之中，想群众之所想，急群众之所急，办群众之所盼，充分体现群众意愿，满足群众需求，把握群众脉搏，说群众想说的话，讲群众能懂的话，为群众提供想看爱看、健康向上的精神文化产品，更好地代表最广大人民群众的根本利益。要牢固树立群众观点，权为民所用、利为民所谋、情为民所系，以群众满意不满意、高兴不高兴、赞成不赞成、答应不答应作为根本出发点和落脚点，多联系群众身边的事例，多反映群众的切身感受，要把镜头对准基层，把版面留给群众，多运用群众熟悉的语言，多用群众喜闻乐见的形式，使新闻宣传工作更加亲切可信，深入人心。

按照“三贴近”原则加强和改进新闻宣传工作

坚持“三贴近”原则，是新世纪新阶段加强和改进新闻工作的重要突破口，是加强和改进新闻工作的主要着力点，是提高引导水平和宣传艺术的可靠途径，是新闻工作必须长期坚持的工作原则。

坚持“三贴近”原则，提高引导水平，要注意在内容上创新，改进宣传报道。落实“三贴近”的要求，改进新闻宣传工作，是实践性很强的重要工作。为此，我们必须做到：一要对长期以来积淀而成的落伍的新闻观念、新闻报道方式和新闻活动模式，进行突破与改革；二要以是否贴近实际、贴近生活、贴近群众，作为衡量我们舆论引领水平的根本标准；三要调动包括内容、表述、标题、评论、按语、图表、摄影、漫画等“新闻全要素”，以生动活泼的方式报道新闻；四要以新科技革命的手段，提升新闻宣传的力度、强度和高度，促进新闻队伍整体素质的提高。

坚持“三贴近”原则，提高引导水平，要注意在方法上创新。新闻工作要通过反映群众呼声，满足群众的日常需求，排解群众的现实困难，为群众解疑释惑，实实在在为群众讲话来实现。新闻工作要把党的主张变为广大受众能够接受、愿意接受的观念，并且“内化”为自觉的行动，就必须按新闻规律办事，运用各种生动活泼的新闻手段，在强化与群众利益的相关性和提高受众的兴趣性等方面下功夫，把党的意志转变为群众的语言、新闻的语言，使之入耳入脑。

坚持“三贴近”原则，提高引导水平，要注意在体制上创新。要积极探索建立新形势下保证正确导向、富有经营活力的微观运行机制，完善新闻宣传宏观管理体制，健全突发事件新闻报道工作的快速反应和应急协调机制。要立足长远、瞄准目标，有计划、按步骤地推进新闻工作全面、协调、可持续地发展。党报、党刊、广播电台、电视台等主流媒体必须坚持高格调、高品位，去发掘和发布真正合乎先进生产力发展要求、先进文化前进方向的鲜活生动的真新闻，以权威、深刻彰显其影响力，去影响有影响力的人群，进而引导广大人民群众认识自己的根本利益并为之不懈奋斗。

十一、推动文化事业与文化产业发展

复习要点提示

- 深入理解社会效益与经济效益的统一。
- 了解十九大报告中指出的“完善公共文化服务体系，深入实施文化惠民工程”。
- 了解2024年“清朗”系列专项行动。

坚持把社会效益放在首位，社会效益与经济效益相统一

社会主义新闻事业的基本性质、指导方针、根本任务，决定了我国新闻工作者必须始终坚持把社会效益放在首位。党的新闻事业是党、政府和人民的喉舌，党的新闻事业与党休戚与共，是党的生命的一部分。可以说，舆论工作就是思想政治工作，是党和国家的前途和命运所系的工作。党的新闻传播事业要始终为人民服务，为社会主义服务，为世界的和平与发展服务。新闻传播事业是党和国家工作大局的体现者，必须做顾全大局和维护大局的忠诚战士。

在社会主义市场经济条件下，要正确处理好新闻传播事业与社会主义现代化建设中其他各项工作的主从、轻重、缓急等具体关系，充分发挥新闻传播事业的服务功能，同时又能使新闻传播

事业与其他各项工作协调发展。作为社会主义现代化建设的重要组成部分，新闻传播事业尤其在精神文明建设方面负有特殊使命。

新闻传播事业的产品是精神文化产品，它应该以社会效益为最高原则。强调和突出社会效益，就是要求新闻宣传在任何情况下都要坚持党性原则不动摇，都要始终不渝地坚持为人民服务、为社会主义服务的方向。只有坚持精神产品以社会效益为最高准则，新闻传播才能真正做到贴近实际、贴近生活、贴近群众，增强吸引力和感染力，从而使新闻事业适应社会主义市场经济的发展要求，适应社会主义精神文明和政治文明的发展要求，努力争取社会效益和经济效益的双赢局面。

坚持把社会效益放在首位，努力实现社会效益与经济效益的统一，是马克思主义新闻观的一贯主张。马克思主义的经典论述表明，新闻媒体既要积极引导舆论，保持正确导向，又要讲究成本、效益和投入、产出的经济原则。社会效益和经济效益是良性互动、共同发展这一循环链条上的两个重要环节，一个也不能忽视。

新闻事业属于先进文化的范畴。凡先进文化，都可以促进生产力的发展，而生产力的发展，会创造大量的物质财富，满足人民的需要，也就实现了人民的利益。这是精神和物质相互转换的辩证关系所使然，无论是精神财富还是物质财富，都是满足广大人民根本利益的必需品。提高经济效益，是新闻媒体自身发展和壮大的客观需要，因此，要遵循新闻工作内在规律和社会主义市场经济体制的要求，重视经济规律的作用，逐步改善和加强媒体的经营工作。各级党委都要高度重视文化体制改革工作，根据社会主义精神文明建设的特点和规律，适应社会主义市场经济发展的要求，积极稳妥地推进。要适应发展社会主义市场经济、深化文化体制改革的新形势，立足我国国情，借鉴各国经验，加强宣传文化领域的法制建设，为宣传文化事业的健康发展创造良好的法制环境。

坚持把社会效益放在首位，要科学对待和正确处理“两个效益”的矛盾。当两者发生矛盾的时候，要坚定不移地把社会效益放在首位，使经济效益服从社会效益。要树立科学发展观，推动新闻事业不断前进，努力实现社会效益与经济效益的统一。

完善公共文化服务体系，深入实施文化惠民工程

习近平在中国共产党第十九次全国代表大会上的报告中指出，满足人民过上美好生活的新期待，必须提供丰富的精神食粮。要深化文化体制改革，完善文化管理体制，加快构建把社会效益放在首位、社会效益和经济效益相统一的体制机制。完善公共文化服务体系，深入实施文化惠民工程，丰富群众性文化活动。

十九大报告为完善公共文化服务体系建设指明了方向。我们应当全面落实国家《公共文化服务保障法》，按照基本公共文化服务标准的要求，加大检查督促力度，建立目标考评机制，加快推进公共文化服务均等化建设，让广大群众共享文化发展的成果。

2024 年“清朗”系列专项行动

2024年“清朗”系列专项行动，是国家网信办开展的“清朗”系列专项行动。该项行动紧紧围绕人民群众的新期待新要求，全面覆盖网上重点领域环节，着力研究破解网络生态新问题新风险，重点开展10项整治任务。行动内容包括：“清朗·2024年春节网络环境整治”专项行动；“清朗·优化营商网络环境—整治涉企侵权信息乱象”专项行动；“清朗·打击违法信息外链”专项行动；“清朗·整治‘自媒体’无底线博流量”专项行动；“清朗·网络直播

领域虚假和低俗乱象整治”专项行动；“清朗·规范生成合成内容标识”专项行动；“清朗·2024年暑期未成年人网络环境整治”专项行动；“清朗·规范网络语言文字使用”专项行动；“清朗·整治违规开展互联网新闻信息服务”专项行动；“清朗·同城版块信息内容问题整治”专项行动。

国家网信办持续开展“清朗”系列专项行动，整治“自媒体”乱象、网络戾气、网络水军、网络谣言、直播和短视频乱象等网络生态突出问题，从严处置违规平台和账号，取得了显著成效，形成有力震慑，推动网络生态持续向好。

十二、文艺方针政策

复习要点提示

- 熟悉“二为方向”和“双百方针”。
- 掌握坚持创造性转化、创新性发展的含义。
- 掌握坚持尊重文艺规律、尊重作家艺术家的创造性劳动的含义。
- 了解加强新时代文艺评论工作的指导意见。

“二为方向”

“二为方向”即文艺要坚持“为人民服务、为社会主义服务”的方向。

“为人民服务、为社会主义服务”和“百花齐放、百家争鸣”，是我党在社会主义建设新时期文艺的基本方针。它们深刻反映了我国文艺的发展规律，是文化艺术事业繁荣兴旺的重要保证。

文艺为什么人的问题，不仅决定着文艺工作的目标和方向，也决定着文艺的性质。马克思主义要求文艺为人民群众服务。列宁在《党的组织和党的出版物》中要求无产阶级文艺“为千千万万劳动人民服务”，毛泽东在延安文艺座谈会上也指出，文艺必须为“人民大众”服务。但新中国成立后一段时间，由于对“人民”的概念理解过于狭窄，以及过于强调文艺的政治功能等，出现了“文艺为工农兵服务、为政治服务”的提法，对文艺事业的发展产生了不利影响。改革开放以后，为适应新形势的发展需要，繁荣社会主义文艺事业，党中央明确了“文艺为人民服务、为社会主义服务”的方向，以取代“文艺为工农兵服务、为政治服务”的提法。1980 年 7 月 26 日，《人民日报》发表《文艺为人民服务、为社会主义服务》的社论，正式提出了“二为方向”这一文艺工作的根本方针。

为人民服务、为社会主义服务，概括了文艺工作的根本目的，它不仅比较完整地反映了社会主义时期对文艺的历史要求，而且更符合文艺的发展规律。“为人民服务”着重强调文艺同人民的关系，从服务对象上指明了文艺工作的根本方向；“为社会主义服务”着重强调文艺同社会主义制度和理想之间的关系，从服务内容上指明了文艺工作的性质及其时代特点和社会功能。二者从根本上是一致的。因为人民是建设社会主义的主体，社会主义事业就是人民的事业。为人民服务也就是为人民的社会主义事业服务，为社会主义服务也就是为人民服务。在文艺工作中坚持“二为方向”，要牢固树立“人民是文艺工作者的母亲”“人民需要艺术，艺术更需要人民”的思想，永远保持与人民群众的血肉联系，在人民的历史创造中进行艺术的创造，在人民的进步中造就艺术的进步。要满腔热情地把广大人民群众作为表现对象，努力塑造社会主义新人。要全心全意地把广大人民群众作为服务对象，为他们提供最好的精神食粮和优质的文化服务。

不提文艺为政治服务，并不是说文艺可以脱离政治。强调文艺为人民服务、为社会主义服务本身就体现了鲜明的政治倾向性。郑重地考虑作品的社会效果，把美好的精神食粮奉献给人民，是马克思主义政治对文艺工作者的基本要求。广大文艺工作者应当追求真理、反对谬误，歌颂美善、反对丑恶，崇尚科学、反对愚昧，坚持创新、反对守旧，努力成为先进文化的创造者、传播者和实践者。

“双百方针”

“双百方针”即“百花齐放、百家争鸣”。

作为我们党繁荣科学文化的基本方针，“双百方针”由毛泽东同志在《论十大关系》中最早提出，此后又在《关于正确处理人民内部矛盾的问题》和《在中国共产党全国宣传工作会议上的讲话》中，得到进一步系统论述。毛泽东指出：“艺术上不同的形式和风格可以自由发展，科学上不同的学派可以自由争论。利用行政力量，强制推行一种风格，一种学派，禁止另一种风格，另一种学派，我们认为会有害于艺术和科学的发展。艺术和科学中的是非问题，应当通过艺术界科学界的自由讨论去解决，通过艺术和科学的实践去解决，而不应当采取简单的方法去解决。”（毛泽东：《关于正确处理人民内部矛盾的问题》，《毛泽东文集》第 7 卷，第 229 页。）邓小平同志强调：“在艺术创作上提倡不同形式和风格的自由发展，在艺术理论上提倡不同观点和学派的自由讨论。”（邓小平：《在中国文学艺术工作者第四次代表大会上的祝辞》，《邓小平文选》第 2 卷，第 210 页。）坚持“双百方针”，就是要在宪法和法律允许的范围内，充分尊重作家、艺术家的创造性劳动，切实保障创作自由和评论自由，提倡不同学术观点、艺术流派的争鸣和切磋，提倡健康说理的文艺批评。

“双百方针”是人类科学文化发展规律的生动概括，是民主精神、群众路线在文化艺术工作中的具体体现。它是尊重文化艺术规律、促进社会主义文艺事业发展和繁荣的方针，为广大文艺工作者发挥自己的聪明才智提供了广阔天地。它有利于坚持解放思想、实事求是、与时俱进的思想路线，营造勇于探索和创新的活跃气氛，充分调动广大文艺工作者的积极性和创造性。

深入生活、扎根人民

习近平总书记在全国宣传思想工作会议上发表重要讲话强调：要引导广大文化文艺工作者深入生活、扎根人民，把提高质量作为文艺作品的生命线，用心用情用功抒写伟大时代，不断推出讴歌党、讴歌祖国、讴歌人民、讴歌英雄的精品力作，书写中华民族新史诗。文艺创作方法中最根本、最关键、最牢靠的办法是扎根人民、扎根生活。

弘扬主旋律，提倡多样化

弘扬主旋律，提倡多样化，是坚持“二为方向”和“双百方针”的具体体现，是社会主义文艺发展的内在要求。主旋律是一种比喻的说法，如同一首大型交响乐一定要有主曲调和主声部。任何时代都有体现时代精神的主潮。社会主义文艺在多样化的发展中，一定要有重点，有主调，有处于主导地位的方面。社会主义是人类发展史的新阶段，社会主义文艺必然要体现社会主义社会的思想体系、价值观念、道德准则，表达新的审美理想，高扬社会主义时代精神。从文艺发展史来看，一切优秀作品，都反映了人民最深刻的心灵呼唤和时代最迫切的前进要求，都是隽永艺术魅力与现实社会进步相结合的结晶，都是作家、艺术家的思想感情与创作灵感为时代和生活深刻感召的产物。这些反映历史发展趋势、表达时代精神、渗透社会理想的文艺作品因而成为人类的文明之花，成为世界文化遗产中的精华。

在当前，弘扬主旋律就是要在文艺创作中大力倡导一切有利于发扬爱国主义、集体主义、社会主义的思想和精神，大力倡导一切有利于改革开放和现代化建设的思想和精神，大力倡导一切有利于民族团结、社会进步、人民幸福的思想和精神，大力倡导一切用诚实劳动争取美好生活的思想和精神。在弘扬主旋律的同时，要提倡多样化。社会生活丰富多彩，人民群众的精神文化需求日趋多样，文艺工作者的思想修养、审美追求、艺术风格也各不相同。这说明，文艺的多样化是由社会和文艺自身规律决定的。

主旋律和多样化是辩证的、有机的统一。主旋律是时代精神、社会正气和民族品格的集中体现。主旋律必须通过多样化的题材、形式、手法、风格去表现，它本身是丰富多彩、不断创新的。多样化不能与主旋律背道而驰，而是要与主旋律相呼应、相和谐；多样化应该健康向上，不能宣扬拜金主义、享乐主义、极端个人主义等腐朽落后的东西。要多样化地唱响主旋律，多种题材、主题、样式、风格相互促进，文艺园地才能百花盛开。弘扬主旋律需要寓教于乐，提倡多样化不能降格以求。

主旋律并不是指某种题材，而是指作为我们时代社会发展主潮的，以爱国主义为核心的民族精神和以改革创新为核心的时代精神。弘扬主旋律，要注意防止和克服片面狭隘地理解主旋律的倾向。那种认为只有描写革命历史事件、英雄模范人物的题材才是主旋律的想法和做法，是对主旋律的严重误解。实际上，主旋律所包含的范围很宽广，内容很丰富。不论是现实题材、历史题材、重大题材、日常生活题材，只要选材严、开掘深、构思巧、有创新，反映出时代的思想和精神，都可以奏出主旋律的华彩乐章。我们必须坚持不懈地大力弘扬主旋律，进一步拓展主旋律的内容、题材、形式、风格，增强文艺作品的吸引力和感召力，使主旋律成为文艺创作的主流和时代的最强音。

思想性、艺术性、观赏性三性统一

把思想性、艺术性、观赏性统一起来，是艺术作品的基本要求。“三性”统一，第一位的是思想性，思想性是艺术性、观赏性的灵魂，文艺作品的艺术性和观赏性是为思想性服务的。艺术性、观赏性同样重要，如果没有艺术性和观赏性，作品的思想性就难以发挥作用，思想性就难以体现，也难以产生影响。只讲思想性，不讲艺术性、观赏性，作品会让人看不下去；只强调艺术性，不讲究观赏性，作品会让人看不明白。思想性、艺术性、观赏性是相统一的，密不可分的。只有思想性、艺术性、观赏性相统一，文艺作品才有生命力、吸引力、感染力和影响力。

倡导讲品位、讲格调、讲责任，抵制低俗、庸俗、媚俗

习近平在十九大报告中提出，要坚定文化自信，推动社会主义文化繁荣兴盛。要繁荣文艺创作，坚持思想精深、艺术精湛、制作精良相统一，加强现实题材创作，不断推出讴歌党、讴歌祖国、讴歌人民、讴歌英雄的精品力作。发扬学术民主、艺术民主，提升文艺原创力，推动文艺创新。倡导讲品位、讲格调、讲责任，抵制低俗、庸俗、媚俗。加强文艺队伍建设，造就一大批德艺双馨名家大师，培育一大批高水平创作人才。

讲品位，坚定文化自信，承担新时代文化使命。文化兴国运兴，文化强民族强。我们要以坚定的文化自信，自觉承担起举

精神旗帜、立精神支柱、建精神家园的崇高使命。坚持“二为方向”和“双百方针”，坚持创造性转化、创新性发展，坚持以人民为中心的创作导向，深入生活、扎根人民，把文艺创造融入实现中华民族伟大复兴的历史洪流中，不断推出优秀的文艺作品，反映时代呼声、展现人民奋斗、振奋民族精神、陶冶高尚情操，热情讴歌党、讴歌祖国、讴歌人民、讴歌英雄，汇聚起新时代同心共筑中国梦的磅礴力量，鼓舞全国各族人民朝气蓬勃迈向未来。

讲格调，坚守艺术理想，筑就新时代艺术高峰。优秀文艺作品反映着一个国家、一个民族的文化创造能力和水平。我们要保持对艺术的真诚执着，遵循艺术规律，坚持传承与创新，坚持思想精深、艺术精湛、制作精良相统一，摒弃心浮气躁、急功近利，把功夫用在提高作品质量上，凝心静气、潜心创作，把崇高的价值理念和美好的情感寄托巧妙地融入艺术创作中，让作品接地气、传得开、留得下，传播当代中国价值观念、体现中华文化精神、反映中国人审美追求，不断推出文质兼美的优秀作品，共同推动新时代文艺繁荣兴盛。

讲责任，坚持正确导向，引领新时代社会风尚。文艺是时代前进的号角，最能代表一个时代的风貌，最能引领一个时代的风气。我们要坚持正确的价值追求，把社会效益放在首位，充分发挥文艺作品春风化雨、润物无声的作用，自觉践行和弘扬社会主义核心价值观，传递真善美、贬斥假恶丑。我们要秉持高尚职业操守，模范遵守社会公德，恪守职业道德，养心修身、德艺双馨，反对错误思想观念，抵制违法失德行为，努力成为新时代先进文化的践行者、良好社会风尚的引领者。

新时代文艺工作者天地广阔，大有可为。我们要牢记习近平总书记“胸中有大义、心里有人民、肩头有责任、笔下有乾坤”的殷殷嘱托，不忘初心、坚守正道，“讲品位、讲格调、讲责任，抵制低俗、庸俗、媚俗”，德艺双修、潜心耕耘，用无愧于伟大时代的文艺创造，为满足人民过上美好精神生活的新期待、努力铸就新时代中华文化的新辉煌不懈奋斗！

坚持创造性转化、创新性发展

优秀传统文化是一个国家、一个民族传承和发展的根本。要善于把弘扬优秀传统文化和发展现实文化有机统一起来，紧密结合起来，在继承中发展，在发展中继承。传统文化在其形成和发展过程中，不可避免会受到当时人们的认识水平、时代条件、社会制度的局限性的制约和影响，因而也不可避免会存在陈旧过时或已成为糟粕性的东西。这就要求人们在学习、研究、应用传统文化时坚持古为今用、推陈出新，结合新的实践和时代要求进行正确取舍。要坚持古为今用、以古鉴今，坚持有鉴别的对待、有扬弃的继承，而不能搞厚古薄今、以古非今，努力实现传统文化的创造性转化、创新性发展，使之与现实文化相融相通，共同服务以文化人的时代任务。

坚持尊重文艺规律，尊重作家艺术家的创造性劳动

加强和改进党对文艺工作的领导，要把握住两条：一是要紧紧依靠广大文艺工作者，二是要尊重和遵循文艺规律。各级党委要从建设社会主义文化强国的高度，增强文化自觉和文化自信，把文艺工作纳入重要议事日程，贯彻好党的文艺方针政策，把握文艺发展正确方向。要选好配强文艺单位领导班子，把那些德才兼备、能同文艺工作者打成一片的干部放到文艺工作领导岗位上来。要尊重文艺工作者的创作个性和创造性劳动，政治上充分信任，

创作上热情支持，营造有利于文艺创作的良好环境。要诚心诚意同文艺工作者交朋友，关心他们的工作和生活，倾听他们心声和心愿。要重视文艺阵地建设和管理，坚持守土有责，绝不给有害的文艺作品提供传播渠道。宣传文化部门要在党委领导下，切实加强对文艺工作的指导和扶持，加强对文艺工作者的引导和团结，为推动文艺繁荣发展作出积极贡献。文联、作协要充分发挥优势，加强行业服务、行业管理、行业自律，真正成为文艺工作者之家。

加强新时代文艺评论工作的指导意见

加强新时代文艺评论工作的总体要求：以习近平新时代中国特色社会主义思想为指导，全面贯彻“二为方向”和“双百方针”，坚持创造性转化、创新性发展，弘扬中华美学精神，进行科学的、全面的文艺评论，发挥价值引导、精神引领、审美启迪作用，推动社会主义文艺健康繁荣发展。建立线上线下文艺评论引导协同工作机制，建强文艺评论阵地，营造健康评论生态，推动创作与评论有效互动，增强文艺评论的战斗力、说服力和影响力，促进提高文艺作品的精神高度、文化内涵和艺术价值，为人民提供更好更多精神食粮。

要把好文艺评论方向盘。坚持正确方向导向，加强马克思主义文艺理论与评论建设，注重文艺评论的社会效果，弘扬真善美、批驳假恶丑，不为低俗庸俗媚俗作品和泛娱乐化等推波助澜。发扬艺术民主、学术民主，尊重艺术规律，尊重审美差异，建设性地开展文艺评论，是什么问题就解决什么问题，在什么范围发生就在什么范围解决，鼓励通过学术争鸣推动形成创作共识、评价共识、审美共识。构建中国特色评论话语，继承创新中国古代文艺批评理论优秀遗产，批判借鉴现代西方文艺理论，建设具有中国特色的文艺理论与评论学科体系、学术体系和话语体系，不套用西方理论剪裁中国人的审美，改进评论文风，多出文质兼美的文艺评论。

要开展专业权威的文艺评论。健全文艺评论标准，把人民作为文艺审美的鉴赏家和评判者，把政治性、艺术性、社会反映、市场认可统一起来，把社会效益、社会价值放在首位，不唯流量是从，不能用简单的商业标准取代艺术标准。严肃客观评价作品，坚持从作品出发，提高文艺评论的专业性和说服力，把更多有筋骨、有道德、有温度的优秀作品推介给读者观众，抵制阿谀奉承、庸俗吹捧的评论，反对刷分控评等不良现象。倡导“批评精神”，着眼提高文艺作品的思想水准和艺术水准，坚持以理立论、以理服人，增强朝气锐气，做好“剜烂苹果”的工作。

要加强文艺评论阵地建设。巩固传统文艺评论阵地，加强文艺领域基础性问题、前沿性问题、倾向性问题等研究，注重对新人新作的评论，针对热点文艺现象等及时组织开展文艺评论，有力引导舆论、市场和大众。用好网络新媒体评论平台，推出更多文艺微评、短评、快评和全媒体评论产品，推动专业评论和大众评论有效互动。加强文艺评论阵地管理，健全完善基于大数据的评价方式，加强网络算法研究和引导，开展网络算法推荐综合治理，不给错误内容提供传播渠道。

要强化组织保障工作。加强组织领导，把文艺评论工作纳入繁荣文艺的总体规划，建立健全协调工作机制，中央和省级主要媒体平台要加强评论选题策划，推进重点评论工作。做好支持保障，健全激励措施，可通过优稿优酬、特稿特酬等方式为文艺评论工作提供激励，改进学术评价导向，推动把具有较大影响力的重要文艺评论成果纳入相关科研评价体系和专业技术人才职称评审制度。壮大评论队伍，加强中华美育教育和文艺评论人才梯队建设，重视网络文艺评论队伍建设，培养新时代文艺评论新力量。

十三、对外宣传工作的基本原则

复习要点提示

- 掌握加强国际传播能力和对外话语体系建设。
- 掌握创新对外宣传方式，提高议题设置能力，讲好中国故事、传播好中国声音，展现真实、立体、全面的中国。
- 掌握外宣工作职责使命和基本原则，加强国际传播能力建设。

外宣工作职责使命

加强国际传播能力和对外话语体系建设，创新对外宣传方式，提高议题设置能力，讲好中国故事、传播好中国声音，展现真实、立体、全面的中国，提高国家文化软实力和中华文化影响力。

1. 加强国际传播能力和对外话语体系建设

党的十八大以来，习近平总书记就推进国际传播能力建设提出了一系列新理念新思想新战略，对加强和改进国际传播工作提供了理论指导和行动指南，强调要下大气力加强国际传播能力建设，让全世界都听到并听清中国声音，让世界认识一个立体多彩的中国。

传播力决定影响力，话语权决定主动权。我们要加强对外话语体系建设，着力打造融通中外的新概念新范畴新表述，提高主动设置议题能力和舆论引导力，在中国道路、中国制度等重大问题的对外传播上掌握主导权，在国际热点的新闻竞争中占据主动权。

十八届三中全会强调，加强国际传播能力和对外话语体系建设。这是中央全会文件第一次明确提出建设对外话语体系任务。

习近平总书记在党的新闻舆论工作座谈会上指出，要加强对外话语体系建设，用中国理论阐释中国实践，用中国实践升华中国理论，更加鲜明地展现中国思想，更加响亮地提出中国主张。

建设对外话语体系，要有高度的文化自信。“文化自信”中的“文化”，一方面包含着中华民族5000多年文明历史所孕育的中华优秀传统文化，另一方面包含着党领导人民在革命、建设、改革中创造的革命文化和社会主义先进文化。它积淀着中华民族最深层的精神追求，代表着中华民族最独特的精神标识，为对外话语体系建设提供了最深厚的文化底蕴。

建设对外话语体系，要用中国理论阐释中国实践，充分发挥哲学社会科学的源头作用。面对新形势新要求，我国哲学社会科学目前在学术话语上的能力和水平同我国综合国力和国际地位还不太相称，话语体系建设水平总体不高，在建设以马克思主义为指导的话语体系上高水平成果不多。要着力构建中国特色哲学社会科学，尤其在话语体系建设方面要充分体现中国特色、中国风格、中国气派。

建设对外话语体系，要用中国实践升华中国理论。进入新时代，我们踏上全面建设社会主义现代化国家新征程，正在统筹推进“五位一体”总体布局，协调推进“四个全面”战略布局，践行新发展理念，建设现代经济体系，在国际舞台上倡导构建人类命运共同体，建设新型大国关系，共建“一带一路”等，为建设话语体系提供了实践基础，为升华中国理论提供了丰富滋养。

2. 创新对外宣传方式

加强国际传播能力建设，让“中国声音”真正走出去，也必须高举创新的大旗，加大渠道、手段、方式、方法等创新力度，丰富新闻业态和产品形态，进一步加快走出去步伐。

一是拓展平台、渠道和终端。我国中央主要媒体顺应传媒业正在向数字化、网络化、移动化转型的大势，把传统媒体的内容优势和新兴媒体的传播优势有机结合起来，充分运用新技术新应用，创新对外传播的平台、渠道和终端，努力在新一轮国际传播能力竞争中赢得主动。

二是要优化方法手段。实践证明，推进媒体在海外本土化发展，是加强国际传播能力建设的有效途径。要把选题策划、生产制作、营销发行等环节前移到对象国家和地区，逐步实现机构本土化、人员本土化、内容本土化、平台本土化，更加精准地定位传播产品和传播对象，提供更加符合国外受众需求的产品和服务，形成中国声音的本土化表达。

三是要丰富产品形态。新兴媒体传播呈现移动化、碎片化、个性化特征，更偏好微传播、轻应用的内容。全媒体建设为国际传播产品形态创新提供了广阔空间。随着宽带网络的普及，以视频、图片、动漫为代表的影像传播前景广阔。我国媒体的国际传播必须转换报道理念，生产更多轻量化、可视化产品，更好地适应海外用户需求的变化。

3. 提高议题设置能力

要把引导舆论的议题设置能力作为国际传播能力建设的重要抓手。要提升议题设置的锐度，精心设置观点鲜明、指向性强、易于传播的议题，把中国故事讲述得更加生动精彩。

从不同角度设置议题，掌控舆论引导的主动权。我们必须抓住一些关键方面关键节点，集中力量重点攻关，进一步增强国际话语权。

一是把习近平新时代中国特色社会主义思想作为对外传播的首要议题，完整、准确、生动地向世界介绍中国共产党的基本理论、基本路线、基本方略，让“五位一体”总体布局、“四个全面”战略布局、五大发展理念、正确义利观、“一带一路”倡议新型国际关系、共商共建共享的全球治理观、人类命运共同体等重大理念，成为世界表达中国故事的源头、读懂当代中国的标识。

二是聚焦彰显中国制度、中国道路、中国方案、中国主张、中国智慧优越性的重大实践。我们要聚焦创新实践，讲好中国发展故事，传播好中国声音。比如，针对资本主义世界贫富分化难以解决的问题，可以加大对脱贫攻坚的对外报道力度，通过介绍“中国式扶贫”，宣传中国共产党消除贫困、实现共同富裕的使命担当，宣传中国共产党高效的领导力，彰显中国“集中力量办大事”的制度优越，展示中国为全球减贫作出的巨大贡献。

三是着力报道全球聚焦的中国事务。抓住党和国家领导人重要活动、我国重大政策出台、双边多边国际活动等契机，加强策划，主动作为，把境外媒体报道的流量和流向引导到我们设置的议题上来，生动有效地向世界展示一个全面真实的中国，树立和平发展、民主进步、文明开放的国家形象。要敢于触碰涉华舆论热点，对西方抹黑中国的话题、对涉及我国核心利益的重大问题，有理有利有节地开展舆论斗争。

四是积极回应国际社会“认知错位”的关键问题。在中国的政治制度、民主人权、民族宗教、网络管理、海洋权益等问题上国际社会存在许多误会和曲解。对这些问题，要采取不回避、不绕弯的态度，主动设置议题，积极回应关切，把我们的国情说明好，把我们的主张阐释好，把我们的进步介绍好，引导国外受众全面地、历史地、客观地、公正地认识中国、评价中国。

4. 讲好中国故事

国际传播需要十分讲究方式方法，讲故事是国际传播的最佳方式。讲好中国故事，重要的是解决好讲什么、怎么讲的问题。讲什么，就是要把握时代脉搏、关注发展大势，聚焦“两个一百年”奋斗目标和中华民族伟大复兴的中国梦，把当代中国发展进步的主流展示好，把中国人民蓬勃向上的风貌展示好。怎么讲，就是要真实、生动鲜活地讲。真实的故事最精彩，百姓的故事最生动。要坚持实事求是，不断改进创新，努力出新出彩，做到见人、见事、见思想、见精神。

要讲好中国故事，就要：

以中国梦为引领。实现中华民族伟大复兴的中国梦，是当代中国最宏大、最精彩的故事。讲好中国故事，需要以中国梦为引领深化对外传播，创新新闻舆论工作。讲好中国故事，要深化中国梦的对外传播，全面准确生动地讲好中国梦。

传播好当代中国价值观念。习近平总书记强调：“当代中国价值观念，就是中国特色社会主义价值观念，代表了中国先进文化的前进方向。我国成功走出了一条中国特色社会主义道路，实践证明我们的道路、理论体系、制度是成功的。要加强提炼和阐释，拓展对外传播平台和载体，把当代中国价值观念贯穿于国际交流和传播方方面面。”要组织各种精彩、精炼的故事载体，把中国道路、中国理论、中国制度、中国文化、中国精神、中国力量寓于其中，使人想听爱听，听有所思，听有所得。

用好丰富的资源和素材。从历史和现实看，我们有讲好中国故事的丰富资源。中国是有着悠久文明的国家；中国是具有独特文化魅力的国家；中国是经历了深重苦难不屈不挠的国家；中国是实行中国特色社会主义的国家；中国是世界上最大的发展中国家；中国是正在发生深刻变革的国家；中国是勇于承担国际义务、负责任的国家。

坚持讲事实讲形象讲情感讲道理。讲故事就是讲事实、讲形象、讲情感、讲道理。讲事实才能说服人，讲形象才能打动人，讲情感才能感染人，讲道理才能影响人。

5. 传播好中国声音

中国发展离不开世界，世界发展离不开中国。中国需要在重大国际事务中积极发声，世界也迫切需要听到中国的声音。要有“抢抓话语权”的紧迫感和责任心，抓住积极参与全球治理等重大国际事务的机遇，主动说、大声说、反复说。利用各种国际会议、论坛、活动、展演等场合说，也要利用国际媒体、高校智库等平台说；要利用传统媒体集中说，也要利用新兴媒体分众说；要利用内宣外宣媒体共同说，也要借助外嘴一起说。

积极发出中国声音，要当好中国价值的传播者。近年来，我国媒体在一系列重大国际事务中主动设置议题、响亮发出中国声音、广泛传播中国价值。

积极发出中国声音，要大力发掘西方媒体回避的事实，发出与西方不同的声音，不做西方媒体的传声筒，更不做西方观点的搬运工。

积极发出中国声音，要坚定维护国家主权、安全、发展利益，坚定维护国际社会公平正义、维护国际道义，在复杂的国际舆论斗争中始终头脑清醒、立场坚定、态度鲜明，敢于善于开展国际舆论斗争。面对“西强我弱”的国际舆论格局和西方咄咄逼人的态势，尤其是西方的恶意“唱衰”、攻击污蔑、造谣抹黑，我们不能客气，不能指望人家来做平衡，而要力争有理说得出、说了传得开，增强在国际上的话语权。

党的十八大以来，在习近平新时代中国特色社会主义思想指引下，我国外宣工作取得重要进展，对外传播实现由被动向主动转变。贯彻落实党的十九大对外宣工作的新部署新要求就是要传播好中国新时代声音，讲述好中国新征程故事。这个新时代声音，就是习近平新时代中国特色社会主义思想；这个新征程故事，就是开启全面建设社会主义现代化强国新征程的宏大故事。

6. 展现真实、立体、全面的中国

我们要满怀着对中国特色社会主义道路、理论、制度、文化的高度自信，向世界展示一个真实、立体、全面、多彩的中国。要讲清楚中国独特的文化传统、历史命运、基本国情；回答好中国共产党为什么得到中国民众拥戴、中国政府为什么能把国家治理好、中国特色社会主义制度为什么管用等重大问题，阐释好中国道路、中国理论、中国制度、中国文化，让世界更好地读懂中国。

一是要以习近平新时代中国特色社会主义思想为引领。二是要理直气壮地向世界说明中国对全球的贡献。三是要重点展示好四个“大国形象”，即中国历史底蕴深厚、各民族多元一体、文化多样和谐的文明大国形象；政治清明、经济发展、文化繁荣、社会稳定、人民团结、山河秀美的东方大国形象；坚持和平发展、促进共同发展、维护国际公平正义、为人类作出贡献的负责任大国形象；对外更加开放、更加具有亲和力、充满希望、充满活力的社会主义大国形象。

外宣工作基本原则

对外宣传工作的基本原则，主要有以下五点：（一）要旗帜鲜明地维护国家利益、民族尊严和祖国统一；（二）在涉及国家主权和国家利益、民族尊严的问题上，要坚持原则；（三）要树立坚定的国家意识和大局意识，服从和服务于党和国家的工作大局，服从和服务于我国整体对外战略；（四）坚持以正面宣传为主、以事实为主、以我为主的方针；（五）考虑宣传重点内容和工作部署，一定要着眼于增进外国人对中国的理解和支持。总之，对外宣传工作有自己的规律，要加强研究，不断提高对外宣传的本领。

加强国际传播能力建设

深刻认识新形势下加强和改进国际传播工作的重要性和必要性，下大气力加强国际传播能力建设，形成同我国综合国力和国际地位相匹配的国际话语权，为我国改革发展稳定营造有利外部舆论环境，为推动构建人类命运共同体作出积极贡献。

讲好中国故事，传播好中国声音，展示真实、立体、全面的中国，是加强我国国际传播能力建设的重要任务。推进国际传播能力建设，创新对外宣传方式，加强话语体系建设，着力打造融通中外的新概念新范畴新表述，加快提升中国话语的国际影响力，让全世界都能听到并听清中国声音。要完善国际传播工作格局，创新宣传理念、创新运行机制，汇聚更多资源力量。要把握国际传播领域移动化、社交化、可视化的趋势，全面提升国际传播效能，建强适应新时代国际传播需要的专门人才队伍。加强国际传播的理论研究，掌握国际传播的规律，构建对外话语体系，在乐于接受和易于理解上下功夫，让更多国外受众听得懂、听得进、听得明白，提高传播艺术。要采用贴近不同区域、不同国家、不同群体受众的精准传播方式，推进中国故事和中国声音的全球化表达、区域化表达、分众化表达，增强国际传播的亲和力和实效性。

十四、推进媒体融合发展的原则要求

复习要点提示

- 掌握推动传统媒体和新兴媒体融合发展的指导意见。
- 掌握关于加快推进媒体深度融合发展的意见。
- 掌握加强全媒体传播体系建设。
- 掌握塑造主流舆论新格局。

关于推动传统媒体和新兴媒体融合发展的指导意见

中央全面深化改革领导小组第四次会议审议通过的《关于推动传统媒体和新兴媒体融合发展的指导意见》。对新形势下如何推动媒体融合发展提出了明确要求，做出了具体部署。

整合新闻媒体资源，推动传统媒体和新兴媒体融合发展，是落实中央全面深化改革部署、推进宣传文化领域改革创新的一项重要任务，是适应媒体格局深刻变化、提升主流媒体传播力公信力影响力和舆论引导能力的重要举措。通过融合发展，使我们的主流媒体科学运用先进传播技术，增强信息生产和服务能力，更好地传播党和政府声音，更好地满足人民群众的信息需求。

推动媒体融合发展，要遵循新闻传播规律和新兴媒体发展规律，强化互联网思维，坚持正确方向和舆论导向、坚持统筹协调、坚持创新发展、坚持一体化发展、坚持先进技术为支撑。

推动媒体融合发展，要将技术建设和内容建设摆在同等重要的位置。要顺应互联网传播移动化、社交化、视频化的趋势，积极运用大数据、云计算等新技术，发展移动客户端、手机网站等新应用新业态，不断提高技术研发水平，以新技术引领媒体融合发展、驱动媒体转型升级。同时，要适应新兴媒体传播特点，加强内容建设，创新采编流程，优化信息服务，以内容优势赢得发展优势。

推动媒体融合发展，要按照积极推进、科学发展、规范管理、确保导向的要求，推动传统媒体和新兴媒体在内容、渠道、平台、经营、管理等方面深度融合，着力打造一批形态多样、手段先进、具有竞争力的新型主流媒体，建成几家拥有强大实力和传播力公信力影响力的新型媒体集团，形成立体多样、融合发展的现代传播体系。要一手抓融合，一手抓管理，确保融合发展始终沿着正确的方向推进。

关于加快推进媒体深度融合发展的意见

中共中央办公厅、国务院办公厅印发的《关于加快推进媒体深度融合发展的意见》，明确了媒体深度融合发展的总体要求，要求深刻认识全媒体时代推进这项工作的重要性紧迫性，坚持正能量是总要求、管得住是硬道理、用得好是真本事，坚持正确方向，坚持一体发展，坚持移动优先，坚持科学布局，坚持改革创新，推动传统媒体和新兴媒体在体制机制、政策措施、流程管理、人才技术等方面加快融合步伐，尽快建成一批具有强大影响力和竞争力的新型主流媒体，逐步构建网上网下一体、内宣外宣联动的主流舆论格局，建立以内容建设为根本、先进技术为支撑、创新管理为保障的全媒体传播体系。

推动主力军全面挺进主战场，以互联网思维优化资源配置，把更多优质内容、先进技术、专业人才、项目资金向互联网主阵地汇集、向移动端倾斜，让分散在网下的力量尽快进军网上、深入网上，做大做强网络平台，占领新兴传播阵地。

走好全媒体时代群众路线，坚持以人民为中心的工作导向，坚持贴近群众服务群众，创新实践党的群众路线，大兴“开门办报”之风，把党的优良传统和新技术新手段结合起来，强化媒体与受众的连接，以开放平台吸引广大用户参与信息生产传播，生产群众更喜爱的内容，建构群众离不开的渠道。

以先进技术引领驱动融合发展，用好5G、大数据、云计算、物联网、区块链、人工智能等信息技术革命成果，加强新技术在新闻传播领域的前瞻性研究和应用，推动关键核心技术自主创新。要推进内容生产供给侧结构性改革，更加注重网络内容建设，始终保持内容定力，专注内容质量，扩大优质内容产能，创新内容表现形式，提升内容传播效果。要深化主流媒体体制机制改革，建立适应全媒体生产传播的一体化组织架构，构建新型采编流程，形成集约高效的内容生产体系和传播链条。要发挥市场机制作用，增强主流媒体的市场竞争意识和能力，探索建立“新闻+政务服务商务”的运营模式，创新媒体投融资政策，增强自我造血机能。

按照资源集约、结构合理、差异发展、协同高效的原则，完善中央媒体、省级媒体、市级媒体和县级融媒体中心四级融合发展布局。努力打造全媒体对外传播格局，讲好中国故事，传播中华文化。

大力培养全媒体人才，实行更加积极、开放、有效的人才引进政策，提高主流媒体人才吸引力和竞争力。要优化人才队伍结构，把更多熟悉新媒体的中青年优秀人才充实到关键岗位，充分释放人才活力。

各级党委和政府要强化资金保障，加强政策支持，形成政策保障体系，支持媒体深度融合发展。要强化党的领导，把推进媒体深度融合发展作为本地区本部门本单位落实意识形态工作责任制的重要内容。要加强评估考核，加强督促检查，推动媒体深度融合发展各项任务落到实处。

加强全媒体传播体系建设

党的二十大报告提出，加强全媒体传播体系建设，塑造主流舆论新格局。这对我们牢牢掌握意识形态工作领导权话语权，推进文化自信自强提出了新要求。党的十八大以来，党中央高度重视新闻舆论工作，作出推动媒体融合发展的重大决策部署。而今，从建设立体多样、融合发展的现代传播体系到构建全媒体传播格局，再到建设全媒体传播体系，方向路径日益明晰、脚步日益坚定、成效日益显著。

塑造主流舆论新格局

社会主义意识形态的凝聚力和引领力，既取决于富有说服力、感召力的内容，也取决于广泛有效的传播。新闻舆论工作处在意识形态斗争最前沿，要坚持党管宣传、党管意识形态、党管媒体，把握正确舆论导向，加快推进媒体深度融合，加强全媒体传播体系建设，塑造主流舆论新格局。

十五、党的十八大以来习近平总书记关于新闻舆论工作与文艺工作的重要讲话和指示精神

复习要点提示

- 深入把握习近平总书记在全国宣传思想工作会议上的讲话精神。
- 深入把握习近平总书记在文艺工作座谈会上的讲话精神。
- 深入把握习近平总书记在党的新闻舆论工作座谈会上的讲话精神。
- 深入把握习近平总书记在全国网络安全和信息化工作会议上的讲话精神。
- 深入把握习近平总书记在第十九届中央政治局第十二次集体学习时就全媒体时代和媒体融合发展发表的重要讲话精神。
- 深入把握习近平总书记在中国文联十一大、中国作协十大开幕式上的讲话精神。
- 深入把握习近平总书记在第十九届中央政治局第三十次集体学习时就加强和改进国际传播工作的讲话精神。
- 深入把握习近平总书记在第十九届中央政治局第三十九次集体学习时就传承弘扬中华文明的讲话精神。
- 深入把握党的二十大报告关于新闻宣传工作的论述。
- 深入把握习近平总书记在文化传承发展座谈会上的讲话精神。
- 深入把握习近平总书记对网络安全和信息化工作的重要指示。
- 深入把握习近平总书记对宣传思想文化工作的重要指示。

习近平总书记在全国宣传思想工作会议上的讲话

2013年8月19日，中共中央总书记、国家主席、中央军委主席习近平在全国宣传思想工作会议上发表重要讲话。讲话的主要精神是：

1. 关于开展宣传思想工作的基本遵循

（1）经济建设是党的中心工作，意识形态工作是党的一项极端重要的工作。

党的十一届三中全会以来，我们党始终坚持以经济建设为中心，集中精力把经济建设搞上去，把人民生活搞上去。只要国内外大势没有发生根本变化，坚持以经济建设为中心就不能也不应该改变。这是坚持党的基本路线一百年不动摇的根本要求，也是解决当代中国一切问题的根本要求。同时，只有物质文明建设和精神文明建设都搞好，国家物质力量和精神力量都增强，全国各族人民物质生活和精神生活都改善，中国特色社会主义事业才能顺利向前推进。

（2）巩固马克思主义在意识形态领域的指导地位，巩固全党全国人民团结奋斗的共同思想基础。

党员、干部要坚定马克思主义、共产主义信仰，脚踏实地为实现党在现阶段的基本纲领而不懈努力，扎扎实实做好每一项工作，取得“接力赛”中我们这一棒的优异成绩。领导干部特别是高级干部要把系统掌握马克思主义基本理论作为看家本领，老老实实、原原本本学习马克思列宁主义、毛泽东思想、邓小平理论、“三个代表”重要思想、科学发展观。党校、干部学院、社会科学院、高校、理论学习中心组等都要把马克思主义作为必修课，成为马克思主义学习、研究、宣传的重要阵地。新干部、年轻干部尤其要抓好理论学习，通过坚持不懈学习，学会运用马克思主义立场、观点、方法观察和解决问题，坚定理想信念。习近平指出，要深入开展中国特色社会主义宣传教育，把全国各族人民团结和凝聚在中国特色社会主义伟大旗帜之下。要加强社会主义核心价值体系建设，积极培育和践行社会主义核心价值观，全面提高公民道德素质，培育知荣辱、讲正气、作奉献、促和谐的良好风尚。

（3）坚持团结稳定鼓劲、正面宣传为主，是宣传思想工作必须遵循的重要方针。

我们正在进行具有许多新的历史特点的伟大斗争，面临的挑战和困难前所未有，必须坚持巩固壮大主流思想舆论，弘扬主旋律，传播正能量，激发全社会团结奋进的强大力量。关键是要提高质量和水平，把握好时、度、效，增强吸引力和感染力，让群众爱听爱看、产生共鸣，充分发挥正面宣传鼓舞人、激励人的作用。在事关大是大非和政治原则问题上，必须增强主动性、掌握主动权、打好主动仗，帮助干部群众划清是非界限、澄清模糊认识。

（4）认真总结经验，长期坚持，并在实践中不断丰富和发展。

在长期实践中，我们党的宣传思想工作积累了十分丰富的经验。这些经验来之不易、弥足珍贵，是做好今后工作的重要遵循，一定要“明者因时而变，知者随事而制”。宣传思想工作创新，重点要抓好理念创新、手段创新、基层工作创新，努力以思想认识新飞跃打开工作新局面，积极探索有利于破解工作难题的新举措新办法，把创新的重心放在基层一线。要继续推进文化体制改革，推动文化事业全面繁荣和文化产业快速发展、建设社会主义文化强国。

2. 关于坚持当前宣传工作重点任务的重要论述

（1）坚持党性。

坚持党性，核心就是坚持正确政治方向，站稳政治立场，坚定宣传党的理论和路线方针政策，坚定宣传中央重大工作部署，坚定宣传中央关于形势的重大分析判断，坚决同党中央保持高度一致，坚决维护中央权威。所有宣传思想部门和单位，所有宣传思想战线上的党员、干部都要旗帜鲜明坚持党性原则。

（2）坚持人民性。

坚持人民性，就是要把实现好、维护好、发展好最广大人民根本利益作为出发点和落脚点，坚持以民为本、以人为本。要树立以人民为中心的工作导向，把服务群众同教育引导群众结合起来，把满足需求同提高素养结合起来，多宣传报道人民群众的伟大奋斗和火热生活，多宣传报道人民群众中涌现出来的先进典型和感人事迹，丰富人民精神世界，增强人民精神力量，满足人民精神需求。

3. 关于落实讲好中国故事、传播好中国声音的宣传目标

（1）引导人们更加全面客观地认识当代中国、看待外部世界。

在全面对外开放的条件下做宣传思想工作，一项重要任务是引导人们更加全面客观地认识当代中国、看待外部世界。宣传阐释中国特色，要讲清楚每个国家和民族的历史传统、文化积淀、基本国情不同，其发展道路必然有着自己的特色；讲清楚中华文化积淀着中华民族最深沉的精神追求，是中华民族生生不息、发展壮大的丰厚滋养；讲清楚中华优秀传统文化是中华民族的突出优势，是我们最深厚的文化软实力；讲清楚中国特色社会主义植根于中华文化沃土、反映中国人民意愿、适应中国和时代发展进步要求，有着深厚历史渊源和广泛现实基础。中华民族创造了源远流长的中华文化，中华民族也一定能够创造出中华文化新的辉煌。独特的文化传统，独特的历史命运，独特的基本国情，注定了我们必然要走适合自己特点的发展道路。对我国传统文化，对

国外的东西，要坚持古为今用、洋为中用，去粗取精、去伪存真，经过科学的扬弃后使之为我所用。

（2）加强宣传报道世界形势变化。

对世界形势发展变化，对世界上出现的新事物新情况，对各国出现的新思想新观点新知识，我们要加强宣传报道，以利于积极借鉴人类文明创造的有益成果。要精心做好对外宣传工作，创新对外宣传方式，着力打造融通中外的新概念新范畴新表述，讲好中国故事，传播好中国声音。

习近平总书记在文艺工作座谈会上的讲话

2014 年 10 月 15 日，中共中央总书记、国家主席、中央军委主席习近平在北京主持召开文艺工作座谈会并发表重要讲话。

习近平分别阐述了五个问题，它们分别是：实现中华民族伟大复兴需要中华文化繁荣兴盛，创作无愧于时代的优秀作品，坚持以人民为中心的创作导向，中国精神是社会主义文艺的灵魂，加强和改进党对文艺工作的领导。主要内容如下：

文艺是时代前进的号角，最能代表一个时代的风貌，最能引领一个时代的风气。实现“两个一百年”奋斗目标、实现中华民族伟大复兴的中国梦，文艺的作用不可替代，文艺工作者大有可为。广大文艺工作者要从这样的高度认识文艺的地位和作用，认识自己所担负的历史使命和责任，坚持以人民为中心的创作导向，努力创作更多无愧于时代的优秀作品，弘扬中国精神、凝聚中国力量，鼓舞全国各族人民朝气蓬勃迈向未来。

文艺事业是党和人民的重要事业，文艺战线是党和人民的重要战线。长期以来，广大文艺工作者致力于文艺创作、表演、研究、传播，在各自领域辛勤耕耘、服务人民，取得了显著成绩，作出了重要贡献。在大家共同努力下，我国文艺园地百花竞放、硕果累累，呈现出繁荣发展的生动景象。习近平向全国文艺工作者致以诚挚的问候。

推动文艺繁荣发展，最根本的是要创作生产出无愧于我们这个伟大民族、伟大时代的优秀作品。文艺工作者应该牢记，创作是自己的中心任务，作品是自己的立身之本，要静下心来、精益求精搞创作，把最好的精神食粮奉献给人民。必须把创作生产优秀作品作为文艺工作的中心环节，努力创作生产更多传播当代中国价值观念、体现中华文化精神、反映中国人审美追求，思想性、艺术性、观赏性有机统一的优秀作品。

改革开放以来，我国文艺创作迎来了新的春天，产生了大量脍炙人口的优秀作品。同时，也不能否认，在文艺创作方面，也存在着有数量缺质量、有"高原"缺"高峰"的现象，存在着抄袭模仿、千篇一律的问题，存在着机械化生产、快餐式消费的问题。文艺不能在市场经济大潮中迷失方向，不能在为什么人的问题上发生偏差，否则文艺就没有生命力。低俗不是通俗，欲望不代表希望，单纯感官娱乐不等于精神快乐。精品之所以"精"，就在于其思想精深、艺术精湛、制作精良。文艺工作者要志存高远，随着时代生活创新，以自己的艺术个性进行创新。要坚持"百花齐放、百家争鸣"的方针，发扬学术民主、艺术民主，营造积极健康、宽松和谐的氛围，提倡不同观点和学派充分讨论，提倡体裁、题材、形式、手段充分发展，推动观念、内容、风格、流派切磋互鉴。

繁荣文艺创作、推动文艺创新，必须有大批德艺双馨的文艺名家。我国作家艺术家应该成为时代风气的先觉者、先行者、先倡者，通过更多有筋骨、有道德、有温度的文艺作品，书写和记录人民的伟大实践、时代的进步要求，彰显信仰之美、崇高之美。文艺工作者要自觉坚守艺术理想，不断提高学养、涵养、修养，加强思想积累、知识储备、文化修养、艺术训练，认真严肃地考虑作品的社会效果，讲品位，重艺德，为历史存正气，为世人弘美德，努力以高尚的职业操守、良好的社会形象、文质兼美的优秀作品赢得人民喜爱和欢迎。

社会主义文艺，从本质上讲，就是人民的文艺。文艺要反映好人民心声，就要坚持为人民服务、为社会主义服务这个根本方向。这是党对文艺战线提出的一项基本要求，也是决定我国文艺事业前途命运的关键。要把满足人民精神文化需求作为文艺和文艺工作的出发点和落脚点，把人民作为文艺表现的主体，把人民作为文艺审美的鉴赏家和评判者，把为人民服务作为文艺工作者的天职。

随着人民生活水平不断提高，人民对包括文艺作品在内的文化产品的质量、品位、风格等的要求也更高了。文学、戏剧、电影、电视、音乐、舞蹈、美术、摄影、书法、曲艺、杂技以及民间文艺、群众文艺等各领域都要跟上时代发展、把握人民需求，以充沛的激情、生动的笔触、优美的旋律、感人的形象创作生产出人民喜闻乐见的优秀作品，让人民精神文化生活不断迈上新台阶。

人民是文艺创作的源头活水，一旦离开人民，文艺就会变成无根的浮萍、无病的呻吟、无魂的躯壳。能不能搞出优秀作品，最根本的决定于是否能为人民抒写、为人民抒情、为人民抒怀。要虚心向人民学习、向生活学习，从人民的伟大实践和丰富多彩的生活中汲取营养，不断进行生活和艺术的积累，不断进行美的发现和美的创造。要始终把人民的冷暖、人民的幸福放在心中，把人民的喜怒哀乐倾注在自己的笔端，讴歌奋斗人生，刻画最美人物，坚定人们对美好生活的憧憬和信心。

文艺工作者要想有成就，就必须自觉与人民同呼吸、共命运、心连心，欢乐着人民的欢乐，忧患着人民的忧患，做人民的孺子牛。

对人民，要爱得真挚、爱得彻底、爱得持久，就要深深懂得人民是历史创造者的道理，深入群众、深入生活，诚心诚意做人民的小学生。艺术可以放飞想象的翅膀，但一定要脚踩坚实的大地。文艺创作方法有一百条、一千条，但最根本、最关键、最牢靠的办法是扎根人民、扎根生活。应该用现实主义精神和浪漫主义情怀观照现实生活，用光明驱散黑暗，用美善战胜丑恶，让人们看到美好、看到希望、看到梦想就在前方。

一部好的作品，应该是把社会效益放在首位，同时也应该是社会效益和经济效益相统一的作品。文艺不能当市场的奴隶，不要沾满了铜臭气。优秀的文艺作品，最好是既能在思想上、艺术上取得成功，又能在市场上受到欢迎。

每个时代都有每个时代的精神。文艺是铸造灵魂的工程，文艺工作者是灵魂的工程师。好的文艺作品就应该像蓝天上的阳光、春季里的清风一样，能够启迪思想、温润心灵、陶冶人生，能够扫除颓废萎靡之风。广大文艺工作者要高扬社会主义核心价值观的旗帜，把社会主义核心价值观生动活泼、活灵活现地体现在文艺创作之中，用栩栩如生的作品形象告诉人们什么是应该肯定和赞扬的，什么是必须反对和否定的，做到春风化雨、润物无声。要把爱国主义作为文艺创作的主旋律，引导人民树立和坚持正确的历史观、民族观、国家观、文化观，增强做中国人的骨气和底气。

追求真善美是文艺的永恒价值。艺术的最高境界就是让人动心，让人们的灵魂经受洗礼，让人们发现自然的美、生活的美、心灵的美。我们要通过文艺作品传递真善美，传递向上向善的价值观，引导人们增强道德判断力和道德荣誉感，向往和追求讲道德、尊道德、守道德的生活。只要中华民族一代接着一代追求真善美的道德境界，我们的民族就永远健康向上、永远充满希望。

中华优秀传统文化是中华民族的精神命脉，是涵养社会主义核心价值观的重要源泉，也是我们在世界文化激荡中站稳脚跟的坚实根基。要结合新的时代条件传承和弘扬中华优秀传统文化，传承和弘扬中华美学精神。我们社会主义文艺要繁荣发展起来，必须认真学习借鉴世界各国人民创造的优秀文艺。只有坚持洋为中用、开拓创新，做到中西合璧、融会贯通，我国文艺才能更好发展繁荣起来。

各级党委要把文艺工作纳入重要议事日程，贯彻好党的文艺方针政策，把握文艺发展正确方向。要选好配强文艺单位领导班子，把那些德才兼备、能同文艺工作者打成一片的干部放到文艺工作领导岗位上来。要尊重文艺工作者的创作个性和创造性劳动，政治上充分信任，创作上热情支持，营造有利于文艺创作的良好环境。要通过深化改革、完善政策、健全体制，形成不断出精品、出人才的生动局面。要高度重视和切实加强文艺评论工作，运用历史的、人民的、艺术的、美学的观点评判和鉴赏作品，倡导说真话、讲道理，营造开展文艺批评的良好氛围。

习近平总书记在党的新闻舆论工作座谈会上的讲话

2016 年 2 月 19 日，中共中央总书记、国家主席、中央军委主席习近平在北京主持召开党的新闻舆论工作座谈会并发表重要讲话。为召开这次座谈会，习近平到人民日报社、新华社、中央电视台等三家中央新闻单位进行了实地调研。在听取发言之后，习近平发表重要讲话，讲话的主要精神是：

党的新闻舆论工作是党的一项重要工作，是治国理政、定国安邦的大事，要适应国内外形势发展，从党的工作全局出发把握定位，坚持党的领导，坚持正确政治方向，坚持以人民为中心的工作导向，尊重新闻传播规律，创新方法手段，切实提高党的新闻舆论传播力、引导力、影响力、公信力。

长期以来，中央主要媒体与党和人民同呼吸、与时代共进步，积极宣传马克思主义真理、宣传党的主张、反映群众呼声，在革命建设改革各个历史时期发挥了十分重要的作用。党的十八大以来，中央主要媒体突出宣传党的十八大和十八届三中、四中、五中全会精神，阐释党中央重大决策和工作部署，反映人民伟大实践和精神风貌，唱响了主旋律，传播了正能量，有力激发了全党全国各族人民为实现中华民族伟大复兴的中国梦而团结奋斗的强大力量。

做好党的新闻舆论工作，事关旗帜和道路，事关贯彻落实党的理论和路线方针政策，事关顺利推进党和国家各项事业，事关全党全国各族人民凝聚力和向心力，事关党和国家前途命运。必须从党的工作全局出发把握党的新闻舆论工作，做到思想上高度重视、工作上精准有力。

在新的时代条件下，党的新闻舆论工作的职责和使命是：高举旗帜、引领导向，围绕中心、服务大局，团结人民、鼓舞士气，成风化人、凝心聚力，澄清谬误、明辨是非，连接中外、沟通世界。要承担起这个职责和使命，必须把政治方向摆在第一位，牢牢坚持党性原则，牢牢坚持马克思主义新闻观，牢牢坚持正确舆论导向，牢牢坚持正面宣传为主。

党的新闻舆论工作坚持党性原则，最根本的是坚持党对新闻舆论工作的领导。党和政府主办的媒体是党和政府的宣传阵地，必须姓党。党的新闻舆论媒体的所有工作，都要体现党的意志、反映党的主张，维护党中央权威、维护党的团结，做到爱党、护党、为党；都要增强看齐意识，在思想上政治上行动上同党中央保持高度一致；都要坚持党性和人民性相统一，把党的理论和路线方针政策变成人民群众的自觉行动，及时把人民群众创造的经验和面临的实际情况反映出来，丰富人民精神世界，增强人民精神力量。新闻观是新闻舆论工作的灵魂。要深入开展马克思主义新闻观教育，引导广大新闻舆论工作者做党的政策主张的传播者、时代风云的记录者、社会进步的推动者、公平正义的守望者。

新闻舆论工作各个方面、各个环节都要坚持正确舆论导向。各级党报党刊、电台电视台要讲导向，都市类报刊、新媒体也要讲导向；新闻报道要讲导向，副刊、专题节目、广告宣传也要讲导向；时政新闻要讲导向，娱乐类、社会类新闻也要讲导向；国内新闻报道要讲导向，国际新闻报道也要讲导向。

团结稳定鼓劲、正面宣传为主，是党的新闻舆论工作必须遵循的基本方针。做好正面宣传，要增强吸引力和感染力。真实性是新闻的生命。要根据事实来描述事实，既准确报道个别事实，又从宏观上把握和反映事件或事物的全貌。舆论监督和正面宣传是统一的。新闻媒体要直面工作中存在的问题，直面社会丑恶现象，激浊扬清、针砭时弊，同时发表批评性报道要事实准确、分析客观。

随着形势发展，党的新闻舆论工作必须创新理念、内容、体裁、形式、方法、手段、业态、体制、机制，增强针对性和实效性。要适应分众化、差异化传播趋势，加快构建舆论引导新格局。要推动融合发展，主动借助新媒体传播优势。要抓住时机、把握节奏、讲究策略，从时度效着力，体现时度效要求。要加强国际传播能力建设，增强国际话语权，集中讲好中国故事，同时优化战略布局，着力打造具有较强国际影响的外宣旗舰媒体。

媒体竞争关键是人才竞争，媒体优势核心是人才优势。要加快培养造就一支政治坚定、业务精湛、作风优良、党和人民放心的新闻舆论工作队伍。新闻舆论工作者要增强政治家办报意识，在围绕中心、服务大局中找准坐标定位，牢记社会责任，不断解决好“为了谁、依靠谁、我是谁”这个根本问题。要提高业务能力，勤学习、多锻炼，努力成为全媒型、专家型人才。要转作风改文风，俯下身、沉下心，察实情、说实话、动真情，努力推出有思想、有温度、有品质的作品。要严格要求自己，加强道德修养，保持一身正气。要深化新闻单位干部人事制度改革，对新闻舆论工作者在政治上充分信任、工作上大胆使用、生活上真诚关心、待遇上及时保障。

加强和改善党对新闻舆论工作的领导，是新闻舆论工作顺利健康发展的根本保证。各级党委要自觉承担起政治责任和领导责任。领导干部要增强同媒体打交道的能力，善于运用媒体宣讲政策主张、了解社情民意、发现矛盾问题、引导社会情绪、动员人民群众、推动实际工作。

习近平总书记在全国网络安全和信息化工作会议上的讲话

2018 年 4 月 20 日至 21 日，全国网络安全和信息化工作会议在北京召开。中共中央总书记、国家主席、中央军委主席、中央网络安全和信息化委员会主任习近平出席会议并发表重要讲话。他强调，信息化为中华民族带来了千载难逢的机遇。我们必须敏锐抓住信息化发展的历史机遇，加强网上正面宣传，维护网络安全，推动信息领域核心技术突破，发挥信息化对经济社会发展的引领作用，加强网信领域军民融合，主动参与网络空间国际治理进程，自主创新推进网络强国建设，为决胜全面建成小康社会、夺取新时代中国特色社会主义伟大胜利、实现中华民族伟大复兴的中国梦作出新的贡献。

习近平在讲话中强调，党的十八大以来，党中央重视互联网、发展互联网、治理互联网，统筹协调涉及政治、经济、文化、社会、军事等领域信息化和网络安全重大问题，作出一系列重大决策、提出一系列重大举措，推动网信事业取得历史性成就。这些成就充分说明，党的十八大以来党中央关于加强党对网信工作集中统一领导的决策和对网信工作作出的一系列战略部署是完全正确的。我们不断推进理论创新和实践创新，不仅走出一条中国特色治网之道，而且提出一系列新思想新观点新论断，形成了网络强国战略思想。

习近平指出，要提高网络综合治理能力，形成党委领导、政府管理、企业履责、社会监督、网民自律等多主体参与，经济、法律、技术等多种手段相结合的综合治网格局。要加强网上正面宣传，旗帜鲜明坚持正确政治方向、舆论导向、价值取向，用新时代中国特色社会主义思想和党的十九大精神团结、凝聚亿万网民，深入开展理想信念教育，深化新时代中国特色社会主义和中国梦宣传教育，积极培育和践行社会主义核心价值观，推进网上宣传理念、内容、形式、方法、手段等创新，把握好时度效，构建网上网下同心圆，更好凝聚社会共识，巩固全党全国人民团结奋斗的共同思想基础。要压实互联网企业的主体责任，决不能让互联网成为传播有害信息、造谣生事的平台。要加强互联网行业自律，调动网民积极性，动员各方面力量参与治理。

习近平强调，没有网络安全就没有国家安全，就没有经济社会稳定运行，广大人民群众利益也难以得到保障。要树立正确的网络安全观，加强信息基础设施网络安全防护，加强网络安全信息统筹机制、手段、平台建设，加强网络安全事件应急指挥能力建设，积极发展网络安全产业，做到关口前移，防患于未然。要落实关键信息基础设施防护责任，行业、企业作为关键信息基础设施运营者承担主体防护责任，主管部门履行好监管责任。要依法严厉打击网络黑客、电信网络诈骗、侵犯公民个人隐私等违法犯罪行为，切断网络犯罪利益链条，持续形成高压态势，维护人民群众合法权益。要深入开展网络安全知识技能宣传普及，提高广大人民群众网络安全意识和防护技能。

习近平指出，核心技术是国之重器。要下定决心、保持恒心、找准重心，加速推动信息领域核心技术突破。要抓产业体系建设，在技术、产业、政策上共同发力。要遵循技术发展规律，做好体系化技术布局，优中选优、重点突破。要加强集中统一领导，完善金融、财税、国际贸易、人才、知识产权保护等制度环境，优化市场环境，更好释放各类创新主体创新活力。要培育公平的市场环境，强化知识产权保护，反对垄断和不正当竞争。要打通基础研究和技术创新衔接的绿色通道，力争以基础研究带动应用技术群体突破。

习近平强调，网信事业代表着新的生产力和新的发展方向，应该在践行新发展理念上先行一步，围绕建设现代化经济体系、实现高质量发展，加快信息化发展，整体带动和提升新型工业化、城镇化、农业现代化发展。要发展数字经济，加快推动数字产业化，依靠信息技术创新驱动，不断催生新产业新业态新模式，用新动能推动新发展。要推动产业数字化，利用互联网新技术新应用对传统产业进行全方位、全角度、全链条的改造，提高全要素生产率，释放数字对经济发展的放大、叠加、倍增作用。要推动互联网、大数据、人工智能和实体经济深度融合，加快制造业、农业、服务业数字化、网络化、智能化。要坚定不移支持网信企业做大做强，加强规范引导，促进其健康有序发展。企业发展要坚持经济效益和社会效益相统一，更好承担起社会责任和道德责任。要运用信息化手段推进政务公开、党务公开，加快推进电子政务，构建全流程一体化在线服务平台，更好解决企业和群众反映强烈的办事难、办事慢、办事繁的问题。网信事业发展必须贯彻以人民为中心的发展思想，把增进人民福祉作为信息化发展的出发点和落脚点，让人民群众在信息化发展中有更多获得感、幸福感、安全感。

习近平指出，网信军民融合是军民融合的重点领域和前沿领域，也是军民融合最具活力和潜力的领域。要抓住当前信息技术变革和新军事变革的历史机遇，深刻理解生产力和战斗力、市场和战场的内在关系，把握网信军民融合的工作机理和规律，推动形成全要素、多领域、高效益的军民深度融合发展的格局。

习近平强调，推进全球互联网治理体系变革是大势所趋、人心所向。国际网络空间治理应该坚持多边参与、多方参与，发挥政府、国际组织、互联网企业、技术社群、民间机构、公民个人等各种主体作用。既要推动联合国框架内的网络治理，也要更好发挥各类非国家行为体的积极作用。要以“一带一路”建设等为契机，加强同沿线国家特别是发展中国家在网络基础设施建设、数字经济、网络安全等方面的合作，建设21世纪数字丝绸之路。

习近平指出，要加强党中央对网信工作的集中统一领导，确保网信事业始终沿着正确方向前进。各地区各部门要高度重视网信工作，将其纳入重点工作计划和重要议事日程，及时解决新情况新问题。要充分发挥工青妇等群团组织优势，发挥好企业、科研院校、智库等作用，汇聚全社会力量齐心协力推动网信工作。各级领导干部特别是高级干部要主动适应信息化要求、强化互联网思维，不断提高对互联网规律的把握能力、对网络舆论的引导能力、对信息化发展的驾驭能力、对网络安全的保障能力。各级党政机关和领导干部要提高通过互联网组织群众、宣传群众、引导群众、服务群众的本领。要推动依法管网、依法办网、依法上网，确保互联网在法治轨道上健康运行。要研究制定网信领域人才发展整体规划，推动人才发展体制机制改革，让人才的创造活力竞相迸发、聪明才智充分涌流。要不断增强“四个意识”，坚持把党的政治建设摆在首位，加大力度建好队伍、全面从严管好队伍，选好配好各级网信领导干部，为网信事业发展提供坚强的组织和队伍保障。

习近平总书记在第十九届中央政治局第十二次集体学习时就全媒体时代和媒体融合发展发表的重要讲话

2019 年 1 月 25 日，中央政治局举行第十二次集体学习，习近平总书记发表了重要讲话。他强调，全媒体不断发展，出现了全程媒体、全息媒体、全员媒体、全效媒体，信息无处不在、无所不及、无人不用，导致舆论生态、媒体格局、传播方式发生深刻变化，新闻舆论工作面临新的挑战。我们要因势而谋、应势而动、顺势而为，加快推动媒体融合发展，使主流媒体具有强大传播力、引导力、影响力、公信力，形成网上网下同心圆，使全体人民在理想信念、价值理念、道德观念上紧紧团结在一起，让正能量更强劲、主旋律更高昂。

习近平指出，推动媒体融合发展，要坚持一体化发展方向，通过流程优化、平台再造，实现各种媒介资源、生产要素有效整合，实现信息内容、技术应用、平台终端、管理手段共融互通，催化融合质变，放大一体效能，打造一批具有强大影响力、竞争力的新型主流媒体。要坚持移动优先策略，让主流媒体借助移动传播，牢牢占据舆论引导、思想引领、文化传承、服务人民的传播制高点。

要探索将人工智能运用在新闻采集、生产、分发、接收、反馈中，全面提高舆论引导能力。要统筹处理好传统媒体和新兴媒体、中央媒体和地方媒体、主流媒体和商业平台、大众化媒体和专业性媒体的关系，形成资源集约、结构合理、差异发展、协同高效的全媒体传播体系。要依法加强新兴媒体管理，使我们的网络空间更加清朗。

习近平强调，要抓紧做好顶层设计，打造新型传播平台，建成新型主流媒体，扩大主流价值影响力版图，让党的声音传得更开、传得更广、传得更深入。要旗帜鲜明坚持正确的政治方向、舆论导向、价值取向，通过理念、内容、形式、方法、手段等创新，使正面宣传质量和水平有一个明显提高。主流媒体要及时提供更多真实客观、观点鲜明的信息内容，掌握舆论场主动权和主导权。要从维护国家政治安全、文化安全、意识形态安全的高度，加强网络内容建设，使全媒体传播在法治轨道上运行。要全面提升技术治网能力和水平，规范数据资源利用，防范大数据等新技术带来的风险。

习近平总书记在中国文联十一大、中国作协十大开幕式上的讲话

2021 年 12 月 14 日，中国文学艺术界联合会第十一次全国代表大会、中国作家协会第十次全国代表大会在北京人民大会堂开幕。中共中央总书记、国家主席、中央军委主席习近平出席大会并发表重要讲话。

习近平指出，党的十八大以来，广大文艺工作者与党同心同德、与人民同向同行，围绕中心、服务大局，真情倾听时代发展的铿锵足音，生动讴歌改革创新的火热实践，在文艺创作、文艺活动、

文艺惠民等方面作出积极贡献、取得丰硕成果。文学、戏剧、电影、电视、音乐、舞蹈、美术、摄影、书法、曲艺、杂技、民间文艺、文艺评论、群众文艺、艺术教育等领域都取得长足进步，我国文艺事业呈现百花齐放、生机勃勃的繁荣景象。

习近平强调，一百年来，党领导文艺战线不断探索、实践，走出了一条以马克思主义为指导、符合中国国情和文化传统、高扬人民性的文艺发展道路，为我国文艺繁荣发展指明了前进方向。实践充分证明，文艺事业是党和人民的重要事业，文艺战线是党和人民的重要战线，广大文艺工作者无愧于党和人民的期待与要求。

习近平指出，广大文艺工作者要增强文化自觉、坚定文化自信，以强烈的历史主动精神，积极投身社会主义文化强国建设，坚持为人民服务、为社会主义服务方向，坚持百花齐放、百家争鸣方针，坚持创造性转化、创新性发展，聚焦举旗帜、聚民心、育新人、兴文化、展形象的使命任务，在培根铸魂上展现新担当，在守正创新上实现新作为，在明德修身上焕发新风貌，用自强不息、厚德载物的文化创造，展示中国文艺新气象，铸就中华文化新辉煌，为实现第二个百年奋斗目标、实现中华民族伟大复兴的中国梦提供强大的价值引导力、文化凝聚力、精神推动力。

习近平给广大文艺工作者提出 5 点希望：第一，希望广大文艺工作者心系民族复兴伟业，热忱描绘新时代新征程的恢宏气象。第二，希望广大文艺工作者坚守人民立场，书写生生不息的人民史诗。第三，希望广大文艺工作者坚持守正创新，用跟上时代的精品力作开拓文艺新境界。第四，希望广大文艺工作者用情用力讲好中国故事，向世界展现可信、可爱、可敬的中国形象。第五，希望广大文艺工作者坚持弘扬正道，在追求德艺双馨中成就人生价值。

习近平总书记在第十九届中央政治局第三十次集体学习时就加强和改进国际传播工作的讲话

2021 年 6 月 1 日，习近平在主持中央政治局第三十次集体学习时发表了讲话。他指出，我们党历来高度重视对外传播工作。党的十八大以来，我们大力推动国际传播守正创新，理顺内宣外宣体制，打造具有国际影响力的媒体集群，积极推动中华文化走出去，有效开展国际舆论引导和舆论斗争，初步构建起多主体、立体式的大外宣格局，我国国际话语权和影响力显著提升，同时也面临着新的形势和任务。必须加强顶层设计和研究布局，构建具有鲜明中国特色的战略传播体系，着力提高国际传播影响力、中华文化感召力、中国形象亲和力、中国话语说服力、国际舆论引导力。

要加快构建中国话语和中国叙事体系，用中国理论阐释中国实践，用中国实践升华中国理论，打造融通中外的新概念、新范畴、新表述，更加充分、更加鲜明地展现中国故事及其背后的思想力量和精神力量。要加强对中国共产党的宣传阐释，帮助国外民众认识到中国共产党真正为中国人民谋幸福而奋斗，了解中国共产党为什么能、马克思主义为什么行、中国特色社会主义为什么好。要围绕中国精神、中国价值、中国力量，从政治、经济、文化、社会、生态文明等多个视角进行深入研究，为开展国际传播工作提供学理支撑。要更好推动中华文化走出去，以文载道、以文传声、以文化人，向世界阐释推介更多具有中国特色、体现中国精神、蕴藏中国智慧的优秀文化。要注重把握好基调，既开放自信也谦逊谦和，努力塑造可信、可爱、可敬的中国形象。

要广泛宣介中国主张、中国智慧、中国方案，我国日益走近世界舞台中央，有能力也有责任在全球事务中发挥更大作用，同各国一道为解决全人类问题作出更大贡献。要高举人类命运共同体大旗，依托我国发展的生动实践，立足五千多年中华文明，全面阐述我国的发展观、文明观、安全观、人权观、生态观、国际秩序观和全球治理观。要倡导多边主义，反对单边主义、霸权主义，引导国际社会共同塑造更加公正合理的国际新秩序，建设新型国际关系。要善于运用各种生动感人的事例，说明中国发展本身就是对世界的最大贡献、为解决人类问题贡献了智慧。

要深入开展各种形式的人文交流活动，通过多种途径推动我国同各国的人文交流和民心相通。要创新体制机制，把我们的制度优势、组织优势、人力优势转化为传播优势。要更好发挥高层次专家作用，利用重要国际会议论坛、外国主流媒体等平台和渠道发声。各地区各部门要发挥各自特色和优势开展工作，展示丰富多彩、生动立体的中国形象。

要全面提升国际传播效能，建强适应新时代国际传播需要的专门人才队伍。加强国际传播的理论研究，掌握国际传播的规律，构建对外话语体系，提高传播艺术。要采用贴近不同区域、不同国家、不同群体受众的精准传播方式，推进中国故事和中国声音的全球化表达、区域化表达、分众化表达，增强国际传播的亲和力和实效性。广交朋友、团结和争取大多数，不断扩大知华友华的国际舆论朋友圈。讲究舆论斗争的策略和艺术，提升重大问题对外发声能力。

各级党委（党组）要把加强国际传播能力建设纳入党委（党组）意识形态工作责任制，加强组织领导，加大财政投入，帮助推动实际工作、解决具体困难。各级领导干部要主动做国际传播工作，主要负责同志既要亲自抓，也要亲自做。要加强对领导干部的国际传播知识培训，发挥各级党组织作用，形成自觉维护党和国家尊严形象的良好氛围。各级党校（行政学院）要把国际传播能力培养作为重要内容。要加强高校学科建设和后备人才培养，提升国际传播理论研究水平。

习近平总书记在第十九届中央政治局第三十九次集体学习时就传承弘扬中华文明的讲话

2022 年 5 月 27 日，中共中央政治局就深化中华文明探源工程进行第三十九次集体学习。习近平总书记在主持学习时强调，中华文明源远流长、博大精深，是中华民族独特的精神标识，是当代中国文化的根基，是维系全世界华人的精神纽带，也是中国文化创新的宝藏。在漫长的历史进程中，中华民族以自强不息的决心和意志，筚路蓝缕，跋山涉水，走过了不同于世界其他文明体的发展历程。要深入了解中华文明五千多年发展史，把中国文明历史研究引向深入，推动全党全社会增强历史自觉、坚定文化自信，坚定不移走中国特色社会主义道路，为全面建设社会主义现代化国家、实现中华民族伟大复兴而团结奋斗。

习近平在主持学习时发表了重要讲话。他强调，我们党历来用历史唯物主义的立场观点方法看待中华民族历史，继承和弘扬中华优秀传统文化。经过几代学者接续努力，中华文明探源工程等重大工程的研究成果，实证了我国百万年的人类史、一万年的文化史、五千多年的文明史。中华文明探源工程成绩显著，但仍然任重而道远，必须继续推进、不断深化。

习近平强调，中华文明探源工程对中华文明的起源、形成、发展的历史脉络，对中华文明多元一体格局的形成和发展过程，对中华文明的特点及其形成原因等，都有了较为清晰的认识。同时，工程取得的成果还是初步的和阶段性的，还有许多历史之谜等待破解，还有许多重大问题需要通过实证和研究达成共识。

习近平指出，我们运用生物学、分子生物学、化学、地学、物理学等前沿学科的最新技术分析我国古代遗存，使中华文明探源有了坚实的科技分析依据，拓展了我们对中国五千多年文明史的认知。对文明起源和形成的探究是一个既复杂又漫长的系统工程，需要把考古探索和文献研究同自然科学技术手段有机结合起来，综合把握物质、精神和社会关系形态等因素，逐步还原文明从涓涓溪流到江河汇流的发展历程。要加强统筹规划和科学布局，坚持多学科、多角度、多层次、全方位，密切考古学和历史学、人文科学和自然科学的联合攻关，拓宽研究时空范围和覆盖领域，进一步回答好中华文明起源、形成、发展的基本图景、内在机制以及各区域文明演进路径等重大问题。

习近平强调，中华文明探源工程提出文明定义和认定进入文明社会的中国方案，为世界文明起源研究作出了原创性贡献。要同步做好我国“古代文明理论”和中华文明探源工程研究成果的宣传、推广、转化工作，加强对出土文物和遗址的研究阐释和展示传播，提升中华文明影响力和感召力。

习近平指出，在五千多年漫长文明发展史中，中国人民创造了璀璨夺目的中华文明，为人类文明进步事业作出了重大贡献。要把中华文明起源研究同中华文明特质和形态等重大问题研究紧密结合起来，深入研究阐释中华文明起源所昭示的中华民族共同体发展路向和中华民族多元一体演进格局，研究阐释中华文明讲仁爱、重民本、守诚信、崇正义、尚和合、求大同的精神特质和发展形态，阐明中国道路的深厚文化底蕴。对中华传统文化，要坚持古为今用、推陈出新，继承和弘扬其中的优秀成分。要建立中国特色、中国风格、中国气派的文明研究学科体系、学术体系、话语体系，为人类文明新形态实践提供有力理论支撑。

习近平强调，中华优秀传统文化是中华文明的智慧结晶和精华所在，是中华民族的根和魂，是我们在世界文化激荡中站稳脚跟的根基。我们坚持把马克思主义基本原理同中国具体实际相结合、同中华优秀传统文化相结合，不断推动马克思主义中国化时代化，推进了中华优秀传统文化创造性转化、创新性发展。要坚持守正创新，推动中华优秀传统文化同社会主义社会相适应，展示中华民族的独特精神标识，更好构筑中国精神、中国价值、中国力量。要坚持马克思主义的根本指导思想，传承弘扬革命文化，发展社会主义先进文化，从中华优秀传统文化中寻找源头活水。要充分运用中华文明探源工程等研究成果，更加完整准确地讲述中国古代历史，更好发挥以史育人作用。

习近平指出，中华文明自古就以开放包容闻名于世，在同其他文明的交流互鉴中不断焕发新的生命力。要坚持弘扬平等、互鉴、对话、包容的文明观，以宽广胸怀理解不同文明对价值内涵的认识，尊重不同国家人民对自身发展道路的探索，以文明交流超越文明隔阂，以文明互鉴超越文明冲突，以文明共存超越文明优越，弘扬中华文明蕴含的全人类共同价值，推动构建人类命运共同体。要立足中国大地，讲好中华文明故事，向世界展现可信、可爱、可敬的中国形象。要讲清楚中国是什么样的文明和什么样的国家，讲清楚中国人的宇宙观、天下观、社会观、道德观，展现中华文明的悠久历史和人文底蕴，促使世界读懂中国、读懂中国人民、读懂中国共产党、读懂中华民族。

习近平强调，文物和文化遗产承载着中华民族的基因和血脉，是不可再生、不可替代的中华优秀文明资源。要让更多文物和文化遗产活起来，营造传承中华文明的浓厚社会氛围。要积极推进文物保护利用和文化遗产保护传承，挖掘文物和文化遗产的多重价值，传播更多承载中华文化、中国精神的价值符号和文化产品。

习近平指出，各级领导干部都要重视文物和文化遗产保护传承工作，为历史和考古工作者开展研究、学习深造、研修交流提供更多政策支持。要营造传承中华文明的浓厚社会氛围，广泛宣传中华文明探源工程等研究成果，教育引导群众特别是青少年更好认识和认同中华文明，增强做中国人的志气、骨气、底气。

党的二十大报告关于新闻宣传工作的论述

新闻宣传工作要围绕举旗帜、聚民心、育新人、兴文化、展形象的职责使命，坚持马克思主义在意识形态领域指导地位的根本制度，坚持为人民服务、为社会主义服务，坚持百花齐放、百家争鸣，坚持创造性转化、创新性发展，以社会主义核心价值观为引领，发展社会主义先进文化，弘扬革命文化，传承中华优秀传统文化，满足人民日益增长的精神文化需求，巩固全党全国各族人民团结奋斗的共同思想基础，不断提升国家文化软实力和中华文化影响力。

建设具有强大凝聚力和引领力的社会主义意识形态。意识形态工作是为国家立心、为民族立魂的工作。牢牢掌握党对意识形态工作领导权，全面落实意识形态工作责任制，巩固壮大奋进新时代的主流思想舆论。健全用党的创新理论武装全党、教育人民、指导实践工作体系。深入实施马克思主义理论研究和建设工程，加快构建中国特色哲学社会科学学科体系、学术体系、话语体系，培育壮大哲学社会科学人才队伍。加强全媒体传播体系建设，塑造主流舆论新格局。健全网络综合治理体系，推动形成良好网络生态。

繁荣发展文化事业和文化产业。坚持以人民为中心的创作导向，推出更多增强人民精神力量的优秀作品，培育造就大批德艺双馨的文学艺术家和规模宏大的文化文艺人才队伍。

增强中华文明传播力影响力。坚守中华文化立场，提炼展示中华文明的精神标识和文化精髓，加快构建中国话语和中国叙事体系，讲好中国故事、传播好中国声音，展现可信、可爱、可敬的中国形象。加强国际传播能力建设，全面提升国际传播效能，形成同我国综合国力和国际地位相匹配的国际话语权。深化文明交流互鉴，推动中华文化更好走向世界。

习近平总书记在文化传承发展座谈会上的讲话

2023 年 6 月 2 日，习近平总书记在北京出席文化传承发展座谈会并发表重要讲话。他强调，在新的起点上继续推动文化繁荣、建设文化强国、建设中华民族现代文明，是我们在新时代新的文化使命。要坚定文化自信、担当使命、奋发有为，共同努力创造属于我们这个时代的新文化，建设中华民族现代文明。

他强调，中国文化源远流长，中华文明博大精深。只有全面深入了解中华文明的历史，才能更有效地推动中华优秀传统文化创造性转化、创新性发展，更有力地推进中国特色社会主义文化建设，建设中华民族现代文明。

习近平指出，中华优秀传统文化有很多重要元素，共同塑造出中华文明的突出特性。中华文明具有突出的连续性，从根本上决定了中华民族必然走自己的路。如果不从源远流长的历史连续性来认识中国，就不可能理解古代中国，也不可能理解现代中国，更不可能理解未来中国。中华文明具有突出的创新性，从根本上决定了中华民族守正不守旧、尊古不复古的进取精神，决定了中华民族不惧新挑战、勇于接受新事物的无畏品格。中华文明具有突出的统一性，从根本上决定了中华民族各民族文化融为一体、即使遭遇重大挫折也牢固凝聚，决定了国土不可分、国家不可乱、民族不可散、文明不可断的共同信念，决定了国家统一永远是中国核心利益的核心，决定了一个坚强统一的国家是各族人民的命运所系。中华文明具有突出的包容性，从根本上决定了中华民族交往交流交融的历史取向，决定了中国各宗教信仰多元并存的和谐格局，决定了中华文化对世界文明兼收并蓄的开放胸怀。中华文明具有突出的和平性，从根本上决定了中国始终是世界和平的建设者、全球发展的贡献者、国际秩序的维护者，决定了中国不断追求文明交流互鉴而不搞文化霸权，决定了中国不会把自己的价值观念与政治体制强加于人，决定了中国坚持合作、不搞对抗，决不搞"党同伐异"的小圈子。

习近平强调，在五千多年中华文明深厚基础上开辟和发展中国特色社会主义，把马克思主义基本原理同中国具体实际、同中华优秀传统文化相结合是必由之路。这是我们在探索中国特色社会主义道路中得出的规律性的认识，是我们取得成功的最大法宝。第一，"结合"的前提是彼此契合。马克思主义和中华优秀传统文化来源不同，但彼此存在高度的契合性。相互契合才能有机结合。第二，"结合"的结果是互相成就，造就了一个有机统一的新的文化生命体，让马克思主义成为中国的，中华优秀传统文化成为现代的，让经由"结合"而形成的新文化成为中国式现代化的文化形态。第三，"结合"筑牢了道路根基，让中国特色社会主义道路有了更加宏阔深远的历史纵深，拓展了中国特色社会主义道路的文化根基。中国式现代化赋予中华文明以现代力量，中华文明赋予中国式现代化以深厚底蕴。第四，"结合"打开了创新空间，让我们掌握了思想和文化主动，并有力地作用于道路、理论和制度。更重要的是，"第二个结合"是又一次的思想解放，让我们能够在更广阔的文化空间中，充分运用中华优秀传统文化的宝贵资源，探索面向未来的理论和制度创新。第五，“结合”巩固了文化主体性，创立新时代中国特色社会主义思想就是这一文化主体性的最有力体现。“第二个结合”，是我们党对马克思主义中国化时代化历史经验的深刻总结，是对中华文明发展规律的深刻把握，表明我们党对中国道路、理论、制度的认识达到了新高度，表明我们党的历史自信、文化自信达到了新高度，表明我们党在传承中华优秀传统文化中推进文化创新的自觉性达到了新高度。

习近平指出，党的十八大以来，党中央在领导党和人民推进治国理政的实践中，把文化建设摆在全局工作的重要位置，不断深化对文化建设的规律性认识，提出一系列新思想新观点新论断。这些重要观点是新时代党领导文化建设实践经验的理论总结，是做好宣传思想文化工作的根本遵循，必须长期坚持贯彻、不断丰富发展。

习近平强调，在新的历史起点上继续推动文化繁荣、建设文化强国、建设中华民族现代文明，要坚定文化自信，坚持走自己的路，立足中华民族伟大历史实践和当代实践，用中国道理总结好中国经验，把中国经验提升为中国理论，实现精神上的独立自主。要秉持开放包容，坚持马克思主义中国化时代化，传承发展中华优秀传统文化，促进外来文化本土化，不断培育和创造新时代中国特色社会主义文化。要坚持守正创新，以守正创新的正气和锐气，赓续历史文脉、谱写当代华章。

习近平总书记对网络安全和信息化工作的重要指示

2023 年 7 月 14 至 15 日，全国网络安全和信息化工作会议在北京召开，会上传达了习近平对网络安全和信息化工作的重要指示。重要指示指出，党的十八大以来，我国网络安全和信息化事业取得重大成就，党对网信工作的领导全面加强，网络空间主流思想舆论巩固壮大，网络综合治理体系基本建成，网络安全保障体系和能力持续提升，网信领域科技自立自强步伐加快，信息化驱动引领作用有效发挥，网络空间法治化程度不断提高，网络空间国际话语权和影响力明显增强，网络强国建设迈出新步伐。

习近平强调，新时代新征程，网信事业的重要地位作用日益凸显。要以新时代中国特色社会主义思想为指导，全面贯彻落实党的二十大精神，深入贯彻党中央关于网络强国的重要思想，切实肩负起举旗帜聚民心、防风险保安全、强治理惠民生、增动能促发展、谋合作图共赢的使命任务，坚持党管互联网，坚持网信为民，坚持走中国特色治网之道，坚持统筹发展和安全，坚持正能量是总要求、管得住是硬道理、用得好是真本事，坚持筑牢国家网络安全屏障，坚持发挥信息化驱动引领作用，坚持依法管网、依法办网、依法上网，坚持推动构建网络空间命运共同体，坚持建设忠诚干净担当的网信工作队伍，大力推动网信事业高质量发展，以网络强国建设新成效为全面建设社会主义现代化国家、全面推进中华民族伟大复兴作出新贡献。

习近平强调，各级党委（党组）要加强组织领导、强化统筹协调，确保党中央关于网信工作决策部署落到实处；各级网信部门要忠于党和人民，勇于担当作为，善于开拓创新，敢于斗争亮剑，甘于拼搏奉献，为推动网信事业高质量发展提供坚强保证。

习近平总书记对宣传思想文化工作的重要指示

2023 年 10 月 7 日至 8 日，全国宣传思想文化工作会议在北京召开，会上传达了习近平对宣传思想文化工作的重要指示。重要指示指出，宣传思想文化工作事关党的前途命运，事关国家长治久安，事关民族凝聚力和向心力，是一项极端重要的工作。党的十八大以来，党中央从全局和战略高度，对宣传思想文化工作作出系统谋划和部署，推动新时代宣传思想文化事业取得历史性成就，意识形态领域形势发生全局性、根本性转变，全党全国各族人民文化自信明显增强、精神面貌更加奋发昂扬。

习近平强调，新时代新征程，世界百年未有之大变局加速演进，中华民族伟大复兴进入关键时期，战略机遇和风险挑战并存，宣传思想文化工作面临新形势新任务，必须要有新气象新作为。要坚持以新时代中国特色社会主义思想为指导，全面贯彻党的二十大精神，聚焦用党的创新理论武装全党、教育人民这个首要政治任务，围绕在新的历史起点上继续推动文化繁荣、建设文化强国、建设中华民族现代文明这一新的文化使命，坚定文化自信，秉持开放包容，坚持守正创新，着力加强党对宣传思想文化工作的领导，着力建设具有强大凝聚力和引领力的社会主义意识形态，着力培育和践行社会主义核心价值观，着力提升新闻舆论传播力引导力影响力公信力，着力赓续中华文脉、推动中华优秀传统文化创造性转化和创新性发展，着力推动文化事业和文化产业繁荣发展，着力加强国际传播能力建设、促进文明交流互鉴，充分激发全民族文化创新创造活力，不断巩固全党全国各族人民团结奋斗的共同思想基础，不断提升国家文化软实力和中华文化影响力，为全面建设社会主义现代化国家、全面推进中华民族伟大复兴提供坚强思想保证、强大精神力量、有利文化条件。

习近平强调，各级党委（党组）要把做好宣传思想文化工作作为重大政治责任扛在肩上，确保党中央关于文化建设的决策部署落到实处。各级宣传文化部门要强化政治担当，勇于改革创新，敢于善于斗争，不断开创新时代宣传思想文化工作新局面。

第二部分

新闻工作者职业道德

一、新闻工作者责任

复习要点提示

- 掌握新闻工作者的职业特征。
- 了解新闻工作者的职业修养。

新闻职业与新闻工作者

新闻职业是以新闻手段向社会提供信息服务的职业。其特征是及时敏锐地反映社会和时局的变化，与社会生活和人民群众保持着十分广泛的联系，是快节奏高强度的创造性劳动等。

新闻工作者是指从事新闻采写、编辑、报道等的工作人员。社会赋予新闻工作者进行信息传播的资源和权利，并寄予较高的期望，因此，同其他任何职业一样，新闻工作者也必须承担相应的社会责任，遵守一定的职业道德和规范，才能确保新闻业的健康运行和社会舆论的公正公平。

新闻工作者的职业特征

新闻工作者在其产生和发展的历史过程中，形成了不同于其他职业的鲜明特征：

一是能够及时、敏锐地反映社会和时局的变化。

二是新闻工作以全社会为其工作对象，也以全社会为其服务对象，新闻工作者能够与社会生活和人民群众保持着十分广泛的联系。

三是新闻工作者要具有坚定的政治信念，具有很强的政治洞察力，作为喉舌、工具具有很强的政治性。

四是新闻媒介在反映舆论、引导舆论方面具有权威性，新闻工作者作为舆论的代表具有很高的权威性，被称为“社会公正的法官”。

五是新闻工作者的职业是一种快节奏、高强度的创造性劳动。

六是新闻工作者往往是在事后在最短的时间里把所发生的事件报道出去，使得新闻工作者所反映的生活会同复杂的实际生活产生一定的距离，因而新闻职业具有浮光掠影的弱点。

新闻工作者的社会责任

新闻工作者的社会责任，是指从事新闻职业活动的人员对其职业行为所产生的社会作用和社会意义所应承担的责任。社会责任是构成新闻传播活动的基础，是新闻工作者基于一定的政治立场、思想意识、价值观念和业务水平，在内心信念和道德责任感的驱使下，自觉履行对事实、对社会应尽的职责、使命和任务，也是社会对新闻工作者提出的最基本的道德要求。

新闻工作者的职业修养

新闻工作者的职业修养主要包括四个方面：

一是政治修养。新闻工作者在政治上要求高，要讲党性，讲政治，把政治坚定性、政治洞察力和政治责任感作为第一位修养。

二是思想修养。不唯上，不唯书，只唯实，把做坚定的唯物主义者、坚持实事求是的思想路线作为根本的思想修养。

三是法制观念和职业道德修养。新闻工作者对自己的基本要求有六项：全心全意为人民服务，坚持正确的舆论导向，遵守宪法、法律和纪律，维护新闻的真实性，保持清正廉洁的作风，发扬团结协作精神。

四是业务能力修养。包括：政治判断力和新闻敏感性，社会交往与活动能力，调查研究能力，文字表达能力，身体和环境适应能力。

二、新闻职业道德

复习要点提示

- 掌握新闻职业道德的本质特征。
- 掌握新闻职业道德的基本原则和规范。
- 了解新闻工作的法律规范。
- 了解新闻工作者职业道德建设的意义。
- 了解违反新闻工作者职业道德的行为。
- 了解加强新闻职业道德制度建设的意义。
- 了解打击新闻敲诈和假新闻（“打假治敲”）专项行动。

新闻职业道德的本质特征

新闻职业道德主要是针对新闻工作者职业行为的道德原则和规范。新闻职业道德是约束新闻从业者的职业行为、调节新闻传播活动中各方社会关系的一种最基本、最有效的规范形式。随着近代新闻事业的产生以及新闻传播活动成为一种稳定的社会职业，作为规范从业人员的职业行为以及调整它所涉及的各种社会关系的新闻职业道德才逐渐系统、完善起来。

第一，新闻职业道德同普遍的道德现象一样，是一种由经济基础决定的上层建筑，由社会存在决定的社会意识形态，因而它的内容和形式，最终都取决于社会存在，取决于社会的物质生产方式。

第二，新闻职业道德较之其他职业道德，具有更为鲜明的阶级性和更为强烈的政治色彩。新闻事业在传播和发布新闻信息时所显示的社会教化功能和舆论导向功能，决定了它在社会生活中所处的特殊地位。

第三，新闻职业道德是对新闻传播活动的一种特殊的调节规范体系。它反映了人们对新闻事业的健康发展及其对社会产生积极影响的殷切期望。

新闻职业道德的基本原则和规范

社会主义新闻职业道德的基本原则可以确定为以下两点：一是社会主义新闻工作全心全意为人民服务的原则，二是社会主义新闻工作坚持从实际出发、实事求是的原则。

社会主义职业道德的基本规范是新闻职业道德得以贯彻和实现的重要环节。新中国成立后，我国社会主义新闻事业第一个成文的新闻职业道德的规范条例是在 1981 年由中宣部新闻局和中央新闻单位共同商拟制定的《记者守则》（试行草案）。1991 年 1 月 19 日，中华全国新闻工作者协会第四届理事会第一次全体会议一致通过了《中国新闻工作者职业道德准则》（简称《准则》），这是新中国成立以后第一个正式颁布的新闻职业道德规范。1994 年 4 月，中华全国新闻工作者协会第四届理事会第二次全体会议又对《准则》进行了修订，使其更全面、更系统。

新闻工作的法律规范

法律是一种特殊的社会规范，它对新闻工作者职业行为的调整与控制，完全有别于新闻职业道德规范。它以服从为前提，以制裁为后盾，通过强制力来保证实施。法律规范对新闻工作者职业行为的调控，是通过多种形式表现出来的，如宪法、法律、条例、决议、规章、命令等。我们的国家是由中国共产党领导的，因此，在社会主义条件下，有关新闻工作的法律规范，还包括了党的宣传纪律和党的新闻政策。

作为一种规范体系，法律是社会控制的重要工具。制定和实施法律的目的，在于通过法律的调整，建立起符合统治阶级利益的社会秩序；通过对人们社会行为的约束，使人与人之间的关系，即社会关系，更符合统治阶级的要求。新闻事业由于其社会影响力的深远和舆论导向功能的重要，因此，利用法律的强制力规范新闻从业人员的职业行为，既保障新闻工作者采写和报道新闻的自由权利、新闻传播活动的有序进行，同时也保护广大受众的合法权益，不允许新闻媒介及其从业人员有任何超越法律之外或凌驾于法律之上的特权，是十分必要的。

对新闻传播活动的法律调控，主要包括：确认新闻事业体制和隶属关系等因素的法律地位，建立业务组织和管理体系，确定新闻从业人员的职责关系，调节和监督新闻职业行为的指向，解决新闻机构间的法律纠纷，规定新闻职业行为的法律后果，特别是对违法行为的法律制裁和保障新闻工作的程序等。

对新闻传播活动的法律调控方式主要有：通过宪法、法律、行政法规等规范性文件对新闻传播行为进行直接控制；通过新闻机构将各种规范性文件和相关的法律条文具体化为一系列规章制度，以“准法律”的形式对新闻传播行为进行间接控制；通过宣传、教育、警示、激励和正反面典型示范等心理的影响，达到调控新闻传播行为的目的。

新闻工作者职业道德建设的意义

新闻工作者职业道德建设的意义主要表现在：

（1）继承和发扬党的新闻工作优良传统，树立新闻工作者良好的职业道德，维护新闻工作的严肃性和声誉。

（2）充分发挥新闻工作的正确舆论导向作用，保持媒体的公信力。

（3）促进新闻队伍建设，保证新闻事业健康发展。

违反新闻工作者职业道德的行为

在当前社会转型期，由于受极端个人主义、拜金主义、享乐主义等不良社会风气的影响和侵蚀，一些新闻从业人员理想信念动摇，世界观、人生观、价值观发生扭曲，道德失衡、行为失范，引发了一系列新闻职业道德方面的问题。目前我国的新闻职业道德方面存在的问题可以概括为四个方面：虚假新闻、有偿新闻、低俗新闻、不良广告，也被称为影响新闻工作的“四大公害”。这些新闻职业道德失范给新闻事业带来了严重的危害，败坏行业风气，降低媒体的社会公信力，销蚀媒体的受众满意度，使新闻传播的权威性、公正性和纯洁性，媒体社会功能的正常发挥，受到了严重影响。不能不引起高度关注和忧虑，因此加强新闻职业道德建设已是新闻界有识之士的共识和当务之急。

加强新闻职业道德制度建设

新闻职业道德是职业道德体系的重要组成部分。提升新闻职业道德水平，对履行党的新闻舆论工作的职责使命、建设高素质新闻队伍、培育和践行社会主义核心价值观、促进新闻事业健康发展有着重要现实意义。新闻工作面临新形势，新闻队伍发生新变化，国际传播提出新要求，修订《中国新闻工作者职业道德准则》为加强新闻战线新闻职业道德建设指明了方向，为推动新闻工作者忠实履行职责使命提供制度保障。

推动新闻工作者提升职业道德素养和综合能力，肩负新时代新闻舆论工作使命任务。新闻舆论工作肩负治国理政、定国安邦的重任，新闻工作者需要提升职业道德素养和综合能力。探索新闻职业道德建设的新规律、新理念、新方法，从而指导新闻工作者在工作中找准新定位、明确新使命、落实新责任。

推动新闻工作者提升互联网素养和全媒体能力，保障新时代媒体融合向纵深发展。媒体融合已成为新时代媒体发展的大势所趋。倡导新闻工作者强化互联网思维和一体化发展理念，以高度的职业道德规范和敬业精神追求，顺应互联网和新兴媒体发展新要求，提高素质能力，提升专业素养，用活新兴媒体，推动传统媒体和新兴媒体深度融合。

推动新时代新闻队伍建设发展新业态新岗位的职业道德建设。当前，信息技术推动新闻业蓬勃发展，新闻业的媒体生态、生产方式和传播格局正发生着深刻变化。顺应了新闻队伍建设发展的结构变化，为指导解决新业态新岗位带来的新闻职业道德新问题指明了方向。

打击新闻敲诈和假新闻（“打假治敲”）专项行动

打击新闻敲诈和假新闻专项行动是由中央宣传部、中央网信办、最高人民法院、最高人民检察院、工业和信息化部、公安部、国家税务总局、国家市场监管总局、国家广电总局、中华全国新闻工作者协会等10个部门联合组织开展，重点打击新闻单位及其人员的新闻违法活动、各类网络传播平台及公众账号的非法新闻活动以及社会组织与个人的非法新闻活动。

开展打击新闻敲诈和假新闻专项行动，是加强传媒监管、营造良好新闻舆论环境、维护人民群众根本利益的重要举措，要深刻把握新形势新特点新挑战，增强政治自觉、鲜明问题导向、扣紧时代特征、坚守人民立场，牢牢扭住严厉打击网络新闻违法违规活动这个关键战役，把群众反映强烈的问题作为优先处理项，突出重点领域，明确主攻方向，下重手、出重拳，坚决打响打赢专项行动攻坚战。各有关部门和单位以高度的政治责任感，加强组织领导，精心部署安排，加强协调配合、发挥整体效能，充分运用监管手段、政策工具、法律武器，构建齐抓共管、标本兼治、一体推进的工作体系和机制，努力实现政治效果、法律效果、社会效果有机统一。

三、广播电视新闻工作者职业道德

复习要点提示

- 熟悉《中国新闻工作者职业道德准则》（2019 年 11 月 7 日修订）。
- 熟悉《中国广播电视播音员主持人职业道德准则》。
- 熟悉《新闻从业人员职务行为信息管理办法》。
- 熟悉《关于进一步规范播音员主持人职业行为和社会活动管理的意见》。
- 熟悉中国记协新闻道德委员会关于“牢记职责使命　引领社会风尚”倡议书。

《中国新闻工作者职业道德准则》（2019 年 11 月 7 日修订）

1991 年 1 月，中华全国新闻工作者协会第四届理事会第一次全体会议通过了《中国新闻工作者职业道德准则》，后历经 1994 年 4 月、1997 年 1 月、2009 年 11 月、2019 年 11 月四次修订。

中国新闻工作者职业道德准则

（中华全国新闻工作者协会第九届全国理事会第五次常务理事会 2019 年 11 月 7 日修订）

中国新闻事业是中国共产党领导的中国特色社会主义

事业的重要组成部分。新闻工作者坚持以马克思列宁主义、毛泽东思想、邓小平理论、“三个代表”重要思想、科学发展观、习近平新时代中国特色社会主义思想为指导，增强“四个意识”，坚定“四个自信”，做到“两个维护”，牢记党的新闻舆论工作职责使命，继承和发扬党的新闻舆论工作优良传统，坚持正确政治方向、舆论导向、新闻志向、工作取向，不断增强脚力、眼力、脑力、笔力，积极传播社会主义核心价值观，自觉遵守国家法律法规，恪守新闻职业道德，自觉承担社会责任，做政治坚定、引领时代、业务精湛、作风优良、党和人民信赖的新闻工作者。

第一条　全心全意为人民服务。忠于党、忠于祖国、忠于人民，把体现党的主张与反映人民心声统一起来，把坚持正确舆论导向与通达社情民意统一起来，把坚持正面宣传为主与正确开展舆论监督统一起来，发挥党和政府联系人民群众的桥梁纽带作用。

1. 坚持用习近平新时代中国特色社会主义思想武装头脑，深入学习宣传贯彻党的路线方针政策，积极宣传中央重大决策部署，及时传播国内外各领域的信息，满足人民群众日益增长的新闻信息需求，保证人民群众的知情权、参与权、表达权、监督权；

2. 坚持以人民为中心的工作导向，把人民群众作为报道主体、服务对象，多宣传基层群众的先进典型，多挖掘群众身边的具体事例，多反映平凡人物的工作生活，多运用群众的生动语言，丰富人民精神世界，增强人民精神力量，满足人民精神需求，使新闻报道为人民群众喜闻乐见；

3. 保持人民情怀，积极反映人民群众的正确意见和呼声，及时回应人民群众的关切和期待，批评侵害人民利益的现象和行为，畅通人民群众表达意见的渠道，依法维护人民群众的正当权益。

第二条 坚持正确舆论导向。坚持团结稳定鼓劲、正面宣传为主，弘扬主旋律、传播正能量，不断巩固和壮大积极健康向上的主流思想舆论。

1. 以经济建设为中心，服从服务于党和国家工作大局，贯彻新发展理念，为促进经济社会持续健康发展注入强大正能量；

2. 宣传科学理论、传播先进文化、滋养美好心灵、弘扬社会正气，增强社会责任感，严守道德伦理底线，坚决抵制低俗、庸俗、媚俗的内容；

3. 加强和改进舆论监督，着眼解决问题、推动工作，激浊扬清、针砭时弊，发表批评性报道要事实准确、分析客观，坚持科学监督、准确监督、依法监督、建设性监督；

4. 采访报道突发事件坚持导向正确、及时准确、公开透明，全面客观报道事件动态及处置进程，推动事件的妥善处理，维护社会稳定和人心安定。

第三条 坚持新闻真实性原则。把真实作为新闻的生命，努力到一线、到现场采访核实，坚持深入调查研究，报道做到真实、准确、全面、客观。

1. 通过合法途径和方式获取新闻素材，认真核实新闻信息来源，确保新闻要素及情节准确；

2. 根据事实来描述事实，不夸大、不缩小、不歪曲事实，不摆布采访报道对象，禁止虚构或制造新闻，刊播新闻报道要署记者的真名；

3. 摘转其他媒体的报道要把好事实关导向关，不刊播违背科学精神、伦理道德、生活常识的内容；

4. 刊播了失实报道要勇于承担责任，及时更正致歉，消除不良影响；

5. 坚持网上网下“一个标准、一把尺子、一条底线”，统一导向要求、管理要求。

第四条　发扬优良作风。树立正确的世界观、人生观、价值观，加强品德修养，提高综合素质，抵制不良风气，保持一身正气，接受社会监督。

1. 强化学习意识，养成学习习惯，不断增强政治素质，提高业务水平，掌握融合技能，努力成为全媒型、专家型新闻工作者；

2. 坚持走基层、转作风、改文风，练就过硬脚力、眼力、脑力、笔力，拜人民为师，向人民学习，深入了解社情民意，增进与群众的感情；

3. 坚决反对和抵制各种有偿新闻和有偿不闻行为，不利用职业之便谋取不正当利益，不利用新闻报道发泄私愤，不以任何名义索取、接受采访报道对象或利害关系人的财物或其他利益，不向采访报道对象提出工作以外的要求；

4. 严格执行新闻报道与经营活动“两分开”的规定，不以新闻报道形式做任何广告性质的宣传，编辑记者不得从事创收等经营性活动。

第五条　坚持改进创新。遵循新闻传播规律和新兴媒体发展规律，创新理念、内容、体裁、形式、方法、手段、业态等，做到体现时代性、把握规律性、富于创造性。

1. 适应分众化、差异化传播趋势，深入研究不同传播对象的接受习惯和信息需求，主动设置议题，善于因势利导，不断提高传播力、引导力、影响力、公信力；

2. 强化互联网思维，顺应全媒体发展要求，积极探索网络信息生产和传播的特点规律，深刻把握传统媒体和新兴媒体融合发展的趋势，善于运用网络新技术新应用，不断提高网上正面宣传和网络舆论引导水平；

3. 保持思维的敏锐性和开放度，认识新事物、把握新规律，敢于打破思维定势和路径依赖，认真研究传播艺术，采用受众听得懂、易接受的方式，增强新闻报道的亲和力、吸引力、感染力，采写更多有思想、有温度、有品质的精品佳作。

第六条　遵守法律纪律。增强法治观念，遵守宪法和法律法规，遵守党的新闻工作纪律，维护国家利益和安全，保守国家秘密。

1. 严格遵守和正确宣传国家各项政治制度和政策，切实维护国家政治安全、文化安全和社会稳定；

2. 维护采访报道对象的合法权益，尊重采访报道对象的正当要求，不揭个人隐私，不诽谤他人；

3. 保障妇女、儿童、老年人和残疾人的合法权益，注意保护其身心健康；

4. 维护司法尊严，依法做好案件报道，不干预依法进行的司法审判活动，在法庭判决前不做定性、定罪的报道和评论，不渲染凶杀、暴力、色情等；

5. 涉外报道要遵守我国涉外法律、对外政策和我国加入的国际条约；

6. 尊重和保护新闻媒体作品版权，反对抄袭、剽窃，抵制严重歪曲文章原意、断章取义等不当摘转行为；

7. 严格遵守新闻采访规范，除确有必要的特殊拍摄采访外，新闻采访要出示合法有效的新闻记者证。

第七条　对外展示良好形象。努力培养世界眼光和国际视野，讲好中国故事，传播好中国声音，积极搭建中国与世界交流沟通的桥梁，展现真实、立体、全面的中国。

1. 在国际交往中维护祖国尊严和国家利益，维护中国新闻工作者的形象；

2. 生动诠释中国道路、中国理论、中国制度、中国文化，着重讲好中国的故事、中国共产党的故事、中国特色社会主义的故事、中国人民的故事，让世界更好地读懂中国；

3. 积极传播中华民族的优秀文化，增进世界各国人民对中华文化的了解；

4. 尊重各国主权、民族传统、宗教信仰和文化多样性，报道各国经济社会发展变化和优秀民族文化；

5. 加强与各国媒体和国际（区域）新闻组织的交流合作，增进了解、加深友谊，为推动人类命运共同体建设多做工作。

对本《准则》，中国记协会员要结合实际制定相应实施细则，认真组织落实；全国新闻工作者包括新媒体新闻信息传播从业人员要自觉执行；各级地方记协、各类专业记协要积极宣传和推动；欢迎社会各界监督。

《中国广播电视播音员主持人职业道德准则》

国家广电总局于 2004 年 12 月 2 日向社会公布《中国广播电视播音员主持人职业道德准则》，对播音员主持人队伍的道德取向、素质要求和工作方法提出明确要求。《中国广播电视播音员主持人职业道德准则》着重强调广播电视播音员主持人作为有广泛社会影响的公众人物，应时刻保持谦虚谨慎，自觉追求德艺双馨；在工作和生活中保持良好的仪表和文明举止，自尊自爱，通过严格约束日常行为，树立良好形象，维护媒体公信力；规范使用语言文字，维护祖国语言文字的纯洁。《准则》并规定，播音员主持人不得将自己的名字、声音、形象用于任何带有商业目的的文章、图片及音像制品中。

中国广播电视播音员主持人职业道德准则（全文）

广播电视是当今最具影响力的大众传媒之一，是党、政府和人民的喉舌。为加强广播电视队伍建设，倡导良好的职业精神和职业道德，规范广播电视播音员主持人的职业行为，特制定本准则。

一、责任

第一条　广播电视播音员主持人所从事的事业，担负着传播先进文化，弘扬民族精神，维护国家利益，促进经济社会发展，推动人类文明的崇高使命和社会责任。

第二条　热爱祖国和人民，珍视国家和人民赋予的权利，全心全意为人民服务，为社会主义服务，为党和国家工作的大局服务。

第三条　忠诚党的新闻事业，坚持党性原则，坚定执行党的路线、方针、政策。

第四条　自觉遵守宪法和法律、法规。

第五条　保守国家秘密。

第六条　真实报道新闻，正确引导舆论，努力传播知识，热情提供服务，不断满足广大人民群众的精神和文化需要。

二、品格

第七条　广播电视播音员主持人应恪守敬业奉献、诚实公正、团结协作、遵纪守法的职业道德，谦虚谨慎，追求德艺双馨。

第八条　坚持播出内容与播出形式的高品质、高品位，不迎合低级趣味，拒绝有害于民族文化、社会公德的庸俗报道。

第九条　努力营造有利于未成年人健康成长的文化环境。不动员未成年人参与可能损害他们性格和感情的节目；对有可能被未成年人模仿而导致不良后果的播出内容和播出形式要加以防范。

第十条　采访意外事件，应顾及受害人及亲属的感受，在提问和录音、录像时应避免对其心理造成伤害。

第十一条　尊重公民和法人的名誉权、荣誉权，尊重个人隐私权、肖像权。不揭人隐私，避免损害他人名誉的报道。

第十二条　尊重和保护未成年人、妇女、老人和残疾人的合法权益。报道违法犯罪的未成年人和性侵犯的受害者时，录音、图像应经过特殊处理，使之不可辨认；不公布其真实姓名，不描述犯罪过程。

第十三条　同行之间互相尊重，互相学习，互相支持，开展正当的业务竞争。

三、形象

第十四条　广播电视播音员主持人直接代表广播电台、电视台的形象，言谈举止有着广泛的社会影响和示范效应，应自觉树立良好形象，维护媒体公信力。

第十五条　树立良好的声屏形象，尊重大众审美情趣和欣赏习惯。服饰、发型、化妆、声音、举止等要与节目（栏目）定位相协调，大方、得体，避免媚俗。

第十六条　形象设计要符合中华民族的文化传统，不盲目模仿境外和外国人的形象，不用外国人的名字作艺名。

第十七条　少儿节目主持人的服饰、发型、化妆、声音、举止要充分考虑到对未成年人的影响，展示积极健康向上的形象和精神风貌。

第十八条　严格约束日常行为。在工作和生活中要保持良好仪表和文明举止；自尊自爱，不参加任何有损于媒体形象、自身形象的组织和活动；要有公众人物的自觉意识，接受社会、公众和媒体较常人更为严格的监督。

第十九条　确立正确的公众人物观念。尊重观众、听众，热情礼貌地对待观众、听众；不以个人知名度和社会影响寻求利益，谋求优惠、照顾和方便；在涉及个人的纠纷中，不以强调个人工作身份和个人知名度影响、干扰和破坏法律、法规的实施。

第二十条　努力提高政治素养、文化内涵、语言能力、心理素质，保持外在形象和内在素质的和谐统一。

四、语言

第二十一条　广播电视播音员主持人要积极推广、普及普通话，规范使用通用语言文字，维护祖国语言和文字的纯洁，发挥示范作用。

第二十二条　除特殊需要，一律使用普通话。不模仿有地域特点的发音和表达方式，不使用对规范语言有损害的口音、语调、粗俗语言、俚语、行话，不在普通话中夹杂不必要的外文。

第二十三条　用词造句要遵守现代汉语的语法规则，语序合理，修辞恰当，层次清楚。避免滥用方言词语、文言词语、简称略语或生造词语。

第二十四条　表达要通俗易懂、准确生动、富有内涵、朴素大方。避免艰涩、易生歧义的语言和煽情、夸张的表达。

第二十五条　不追求低俗的主持风格和极端个人化的主持方式。

第二十六条　与受众和嘉宾平等交流、沟通，做到相互尊重、理解、通达、友善，赢得公众信赖。

五、廉洁

第二十七条　广播电视播音员主持人应该清正廉洁，自觉抵制拜金主义、享乐主义、个人主义的侵蚀，反对任何形式的"有偿新闻"。

第二十八条　不利用工作、身份之便，直接或间接地为本人、亲属及其他人谋取私利。

第二十九条　不以任何名义索要、接受和借用采访对象的任何钱物，采访活动中不提出与工作无关的个人要求。

第三十条　严格区分新闻报道与广告。不以新闻报道形式为企业或产品做变相广告或形象宣传。

第三十一条　不从事广告和其他经营活动。不将自己的名字、声音、形象用于任何带有商业目的的文章、图片及音像制品中。

第三十二条　不私自从事未经本单位批准的节目主持、录音、录像、配音工作及以个人赢利为目的的社会活动。

第三十三条　自觉遵守有关廉政的规章制度和财经纪律，自觉接受人民群众的监督。

六、附则

第三十四条　全国各广播电视制作、播出机构的播音员主持人遵守本准则。

第三十五条　违犯本准则的播音员主持人，将在行业内通报批评；触犯党纪政纪的，给予党纪政纪处分；触犯法律的，移送司法机关处理。

《新闻从业人员职务行为信息管理办法》

2014年6月30日，国家新闻出版广电总局印发《新闻从业人员职务行为信息管理办法》（简称《办法》）。《办法》要求，新闻单位应加强对新闻从业人员职务行为信息的规范管理。

《办法》明确，新闻单位的记者、编辑、播音员、主持人等新闻采编人员及提供技术支持等辅助活动的其他新闻从业人员，在从事采访、参加会议、听取传达、阅读文件等职务活动中，获取的各类信息、素材以及所采制的新闻作品，其中包含国家秘密、商业秘密、未公开披露的信息等，都属于职务行为信息，应加强管理。各新闻单位应依法与所属的新闻从业人员签订保密承诺书和职务行为信息保密协议，完善内部管理制度。

新闻从业人员职务行为信息管理办法（全文）

第一条　为加强新闻从业人员职务行为信息的管理，规范新闻传播秩序，根据《保守国家秘密法》《劳动合同法》《著作权法》等有关法律法规，制定本办法。

第二条　本办法所称新闻从业人员职务行为信息，是指新闻单位的记者、编辑、播音员、主持人等新闻采编人员及提供技术支持等辅助活动的其他新闻从业人员，在从事采访、参加会议、听取传达、阅读文件等职务活动中，获取的各类信息、素材以及所采制的新闻作品，其中包含国家秘密、商业秘密、未公开披露的信息等。

第三条　新闻单位要坚持依法依规、趋利避害、善管善用、可管可控的原则，加强职务行为信息管理，确保新闻从业人员职务行为信息使用科学合理、规范有序。

第四条　新闻单位应健全保密制度，对新闻从业人员在职务行为中接触的国家秘密信息，应明确知悉范围和保密期限，健全国家秘密载体的收发、传递、使用、复制、保存和销毁制度，禁止非法复制、记录、存储国家秘密，禁止在任何媒体以任何形式传递国家秘密，禁止在私人交往和通信中涉及国家秘密。

新闻从业人员上岗应当经过保密教育培训，并签订保密承诺书。

第五条　新闻单位应按照《劳动合同法》的有关规定，与新闻从业人员就职务行为信息中的商业秘密、未公开披露的信息、职务作品等与知识产权相关的保密事项，签订职务行为信息保密协议，建立职务行为信息统一管理制度。

保密协议须分类明确新闻从业人员职务行为信息的权利归属、使用规范、离岗离职后的义务和违约责任。

新闻从业人员不得违反保密协议的约定，向其他境内外媒体、网站提供职务行为信息，或者担任境外媒体的“特约记者”、“特约通讯员”、“特约撰稿人”或专栏作者等。

第六条　新闻从业人员不得利用职务行为信息谋取不正当利益。

第七条　新闻从业人员以职务身份开设博客、微博、微信等，须经所在新闻单位批准备案，所在单位负有日常监管职责。

新闻从业人员不得违反保密协议的约定，通过博客、微博、微信公众账号或个人账号等任何渠道，以及论坛、讲座等任何场所，透露、发布职务行为信息。

第八条　新闻从业人员离岗离职要交回所有涉密材料、文件，在法律规定或协议约定的保密期限内履行保密义务。

第九条　新闻单位须将签署保密承诺书和职务行为信息保密协议，作为新闻从业人员劳动聘用和职务任用的必要条件，未签订的不得聘用和任用。

第十条　新闻采编人员申领、换领新闻记者证，须按照《新闻记者证管理办法》的规定提交有关申报材料，申报材料中未包含保密承诺书和职务行为信息保密协议的，不予核发新闻记者证。

第十一条　新闻单位应在参加新闻记者证年度核验时，向新闻出版广电行政部门报告新闻从业人员保密承诺书和保密协议签订、执行情况。

第十二条　新闻从业人员违反保密承诺和保密协议、擅自使用职务行为信息的，新闻单位应依照合同追究违约责任，视情节作出行政处理或纪律处分，并追究其民事责任。

第十三条　新闻单位的主管主办单位应督促所属新闻单位健全保密承诺和保密协议制度，履行管理责任；新闻出版广电行政部门应加强本行政区域内新闻单位职务行为信息管理情况的日常监督检查。

第十四条　新闻从业人员擅自发布职务行为信息造成严重后果的，由新闻出版广电行政部门依法吊销新闻记者证，列入不良从业行为记录，做出禁业或限业处理。

第十五条　新闻单位对新闻从业人员职务行为信息管理混乱，造成失密泄密、敲诈勒索、侵权等严重问题的，由新闻出版广电行政部门等依法查处，责令整改，对拒不改正或整改不到位的不予通过年度核验，情节严重的撤销许可证，并依法追究新闻单位负责人和直接责任人的责任。

第十六条　新闻从业人员违反规定使用职务行为信息造成失密泄密的，依法追究相关人员责任，涉嫌违法犯罪的移送司法机关处理。

第十七条　本办法自发布之日起施行。

《关于进一步规范播音员主持人职业行为和社会活动管理的意见》

2022 年 1 月 25 日，中央宣传部办公厅、国家广播电视总局办公厅印发了《关于进一步规范播音员主持人职业行为和社会活动管理的意见》，从九个方面对规范播音员主持人职业行为和社会活动管理做出了规定，具体内容如下：

1. 聚焦政治素质培养。各级宣传部门、广播电视行政部门、播出机构要始终把政治素质培养作为播音员主持人队伍建设的首要任务，教育引导播音员主持人认真学习贯彻习近平总书记关于宣传思想工作的重要思想，切实增强“四个意识”、坚定“四个自信”、做到“两个维护”，不断提高政治判断力、政治领悟力、政治执行力，始终牢记肩负的政治责任，坚定政治立场，增强政治敏锐性，努力做到善于从政治上分析问题、处理问题，稳妥把握职业行为和社会活动。

2. 加强职业道德建设。各级宣传部门、广播电视行政部门、播出机构要教育引导播音员主持人，积极践行社会主义核心价值观，把职业道德建设作为立身之本，自觉抵制名利诱惑和低俗庸俗媚俗，净化“交际圈”“朋友圈”，始终珍惜荣誉、谦虚谨慎、爱岗敬业，塑造良好公众形象，做德艺双馨的新闻工作者、文艺工作者。各播出机构要规范播音员主持人言行，明确要求播音员主持人不得参加有损媒体形象、自身形象的组织和活动，不得利用职业身份和个人知名度谋取不当利益，不得在公开场合发表不当言论、做出不当举止等，引导他们主动接受社会监督，更加自觉地弘扬职业精神、恪守职业道德。

3. 明确审批管理要求。各播出机构要对播音员主持人参加社会活动制定规章制度，明确管理原则和审批流程。对于播音员主持人参加外单位的社会活动，各播出机构要统一管理、分类施策，实行事前报批或报备制度，严明有关财务规定和廉洁纪律要求。对于播音员主持人参加私人活动，各播出机构要加强日常教育，做好事前提醒，切实消除各类风险隐患。播音员主持人参与广告代言、商业推广、网络带货等各类商业活动，须经所在播出机构批准，新闻栏目播音员主持人参加此类活动要从严把关。对参加各类活动时因自身言行不当造成负面社会影响的播音员主持人，视情节轻重及时给予相应处理。

4. 规范网络信息发布。各播出机构要把播音员主持人作为加强网络传播、占领网络空间的重要力量，努力把播音员主持人的线下影响力延伸到线上，不断提升主流媒体在网络空间的影响力、公信力。各播出机构要坚持“群众在哪里，阵地就在哪里”，对播音员主持人通过网络平台开展网络直播、文字音视频信息发布等行为，坚持规范和发展并重，根据职务行为信息、私人信息等不同性质分别提出管理要求，教育引导他们努力熟悉网络传播规律、提高网络舆情意识，走好网上群众路线，做网络空间正能量的传播者。

5. 严格持证上岗规定。各播出机构要严格执行播音员主持人持证上岗和执业注册制度，不得使用无执业资格证书和未按规定进行执业注册的人员担任播音员主持人。各播出机构不得在新闻评论类等常设节目中，使用嘉宾行使掌握话语权、引导节目进程、串联节目等主持人职能，晚会等非常设节目以及个别专业性较强的常设节目如确需使用嘉宾主持，须向广播电视行政部门报备。已取得执业资格的播音员主持人因参加社会活动造成恶劣社会影响的，各播出机构要严格依规采取不予办理注册手续、调离播音主持岗位等惩戒措施。广播电视行政部门严格执行播音员主持人持证信息备案制度。

6. 加强合作节目管理。各播出机构要始终紧绷导向意识，对自制节目、非自制节目中的播音员主持人和临时外请播音员主持人，坚持同样的政治标准、业务标准和职业道德要求，坚决防范各类传播风险。在播出购买、合作等非自制节目前，要严格审核播音员主持人持证和注册情况，综合考虑播音员主持人专业素质和社会形象，认真审核把关播音员主持人在节目中的言行举止，不给有丑闻劣迹、违法失德等问题的人员提供出镜发声渠道。

7. 深化“四力”教育实践。各级宣传部门、广播电视行政部门、播出机构要针对播音员主持人的工作特点，研究开展系统性增强“脚力、眼力、脑力、笔力”教育实践，深入开展马克思主义新闻观、文艺观教育。各播出机构要经常性安排播音员主持人走出演播室、直播间，对每年度深入基层的时间、频次作出明确要求，教育引导播音员主持人始终坚定人民立场、坚守人民情怀。各播出机构要组织播音员主持人多参与社会公益活动，积极履行社会责任，树立良好社会形象。

8. 压紧压实管理责任。各级宣传部门、广播电视行政部门、播出机构要严格落实意识形态工作责任制，切实担负起播音员主持人管理责任。各播出机构要强化主体责任，做好执业资格注册、信息发布规范、社会活动管理、教育培训考核等工作。广播电视行政部门要加大对播音员主持人持证上岗和执业注册、变更注册、执业资格注销工作的监督检查力度，发现问题及时处置，对造成恶劣社会影响的追究当事人责任，对管理制度不健全、管理不力的单位追究相关负责人责任。

9. 发挥行业组织作用。各级广播电视协会、网络视听协会、播音员主持人委员会和新闻界、文艺界道德委员会等行业组织，要加强对播音员主持人的思想品德、职业道德、社会公德教育，通过发倡议书、评选表彰、树立典型引导广大从业者为公众树立好榜样，通过对不良风气、劣迹人员发声谴责等形式发挥行业监督作用，推动形成良好行业风气。

中国记协新闻道德委员会关于“牢记职责使命 引领社会风尚”倡议书

《中国记协新闻道德委员会倡议书》于2024年5月由中国记协新闻道德委员会发布，主题为“牢记职责使命 引领社会风尚”。

牢记职责使命 引领社会风尚

——中国记协新闻道德委员会倡议书

主流媒体是新闻舆论工作主力军，承担传播主流舆论、弘扬主流价值的重要职责。近年来，主流媒体顺应信息技术发展和传播渠道变化，挺进主战场，让主旋律唱响最强音、正能量澎湃大流量。与此同时，在近期多起网络热点中，有些主流媒体所办新媒体为了追流量、博眼球，新闻价值判断出现偏差，损害了主流媒体的公信力、影响力。为巩固壮大奋进新时代的主流思想舆论，更好担负新的文化使命，积极引领社会风尚，我们向全国新闻工作者发出倡议：

讲政治，守底线，坚持正确导向。始终坚持正确的政治方向、舆论导向、新闻志向、工作取向，坚持马克思主义新闻观，坚持团结稳定鼓劲、正面宣传为主。对事实真相负责，多方核实信源，严守采编流程，平衡客观报道，做到不失向、不失准、不失信。对社会热点主动开展引导，切入舆情热点，亮明观点态度，引导舆情走势，引领社会风尚。

讲品格，守责任，弘扬主流价值。积极履行媒体社会责任，围绕中心、服务大局，以人为本、服务人民。追求正能量，抵制“毒流量”。突出内容品格，拒绝低俗媚俗，反对封建迷信，不刻意将偶发事件渲染为普遍现象。主动设置议题，回应社会关切，敢于正视问题，探寻解决之道，坚持做有价值、有格调的新闻，引领全社会共同践行社会主义核心价值观。

讲规范，守伦理，遵从职业道德。自觉遵守法律法规，恪守职业道德和新闻伦理。严守新闻职业规范，不放大血腥暴力场面，不制作涉黄擦边内容，不煽动公众情绪，不制造矛盾对立。杜绝虚假报道，抵制有偿新闻，不凭道听途说或主观臆断采写新闻，不为追求轰动效应扭曲新闻事实，弘扬真善美，贬斥假恶丑，推动形成积极向上的良好社会氛围。

讲“四力”，守正气，发扬优良作风。不断增强走基层的脚力、看问题的眼力、谋事情的脑力、写报道的笔力，练就适应全媒时代、引领社会风尚的真本领。强化作风建设，深入开展调查研究，深入一线、深入群众，坚持实地采访、现场采访、直接采访。保持一身正气，抵制不良风气，接受社会监督，向全社会展示新时代新闻工作者良好形象。

第三部分

广播电视常识

一、新中国广播电视发展

复习要点提示

- 了解并识记中国广播电视发展中，如延安新华广播电台、北平新华广播电台、国家广播电视总局、中央广播电视总台、中央人民广播电台、中国国际广播电台、中央电视台、中国国际电视台（中国环球电视网）、央广网、国际在线以及中国网络电视台、央视频、央视网、云听、重温经典频道、中国播音主持“金声奖”、金声计划等媒体的简况。

延安新华广播电台

中国共产党创办的第一座人民广播电台，1940 年 12 月 30 日在延安开始播音，呼号 XNCR，是中央人民广播电台的前身。1941 年 12 月 3 日开办日语广播。1943 年春，因电子管损坏而暂停播音。1945 年 8 月中旬于抗战胜利之时恢复播出。解放战争时期，1947 年 3 月中旬迁至瓦窑堡（现子长县）继续播音，于 3 月 21 日改名为陕北新华广播电台。此后，随着战局形势的发展，曾先后转移到河北省涉县、平山县境内播音。从 1947 年 9 月起开办了英语广播节目。延安、陕北台的节目及时宣传中国共产党和人民军队的政策和主张，办有新闻、评论节目，并办有《解放区介绍》《人民呼声》《对国民党军广播》等专题节目。国统区听众称之为“茫茫黑夜中的灯塔”，在解放战争中起到巨大作用。

1949 年 3 月 25 日，陕北台迁进北平，改名为北平新华广播电台，开始具有中央台的性质，播音时间逐年增加。同年 9 月 27 日改名北京新华广播电台，12 月 5 日定名为中央人民广播电台。延安时期的广播发射机，1956 年被送到中国人民革命历史博物馆。

北平新华广播电台

中央人民广播电台的前身。陕北新华广播电台于 1949 年 3 月 25 日进入北平后使用的台名，同年 9 月 1 日改名北平新华广播电台第一台，9 月 27 日又改名北京新华广播电台第一台，12 月 5 日定名为中央人民广播电台。另外也是北京人民广播电台最初的台名。

1949 年 2 月 2 日开始播音，陕北台迁进北平使用此名后，即改名北平人民广播电台。同年 9 月 1 日起，改称北平新华广播电台第二台，同年 12 月 5 日，又改称北京人民广播电台。

国家广播电视总局

为加强新闻舆论工作，加强对重要宣传阵地的管理，充分发挥广播电视媒体的作用，国务院机构改革方案提出，在国家新闻出版广电总局广播电视管理职责的基础上组建国家广播电视总局，作为国务院直属机构。不再保留中华人民共和国国家新闻出版广电总局。

2018 年 3 月，十三届全国人大一次会议表决通过了关于国务院机构改革方案的决定，设立中华人民共和国国家广播电视总局。

2018 年 4 月 16 日，中华人民共和国国家广播电视总局正式揭牌。

中央广播电视总台

中央广播电视总台是在 2018 年 3 月，由原中央电视台（中国国际电视台）、中央人民广播电台、中国国际广播电台合并组建的宣传单位，归中央宣传部领导。

中央人民广播电台（CNR）

中国国家广播电台，是中国重要的、最具影响力的综合性大型传媒之一，也是世界上最大的华语广播机构。中央人民广播电台创办于 1940 年 12 月 30 日，前身为延安新华广播电台；1949 年 12 月 5 日正式定名为中央人民广播电台。中央人民广播电台英文译名为 China National Radio，缩写为 CNR。

中央人民广播电台是中国唯一覆盖全国的广播电台，拥有听众超过 7 亿，是世界上拥有听众最多的广播电台之一。已开办中国之声、经济之声、音乐之声、都市之声、中华之声、神州之声、华夏之声、民族之声、文艺之声、老年之声、藏语广播、维吾尔语广播、娱乐广播、香港之声、中国高速公路交通广播、中国乡村之声等 16 套广播频率。

以广播为依托，中央人民广播电台全面开展新媒体业务，拥有目前中国最大的广播音频网站“中国广播网”及“中国民族广播网”、“你好，台湾网”、网络电台“银河台”，开办了 4 套数字广播节目、2 套数字电视频道《幸福购物》和《家庭健康》、1 套手机电视频道《央广视讯》及 3 套手机广播节目。2012 年，央广手机台在三大运营商平台用户总数 8600 多万，在专网手机视频业内排名第一，已成为国内目前最大的正版手机电视节目版权集成运营平台。此外，中央人民广播电台还主办了《中国广播》杂志、《音乐之声》杂志和《中国广播报》等平面媒体，设有中国广播音像出版社等机构。目前，中央人民广播电台已成为包括传统广播、报刊出版、互联网电视、手机电视、手机广播等在内的全媒体生产主体。中央人民广播电台下设的全资公司——央广传媒发展总公司，已成为中国广播产业开发的重要标志。

中央人民广播电台在中国各省、自治区、直辖市、计划单列市及香港、澳门特别行政区设有 40 个记者站，在中国台湾地区派有驻点记者；在解放军四总部、各大军区、各军兵种、武警部队等分别设置 19 个军事记者站。中央人民广播电台发起并成立了拥有全国 210 家电台的中国广播联盟和中国广播电视协会广播版权委员会，并携手世界各大华语广播机构建立了全球华语广播网，与全球大多数国家和地区的知名传媒机构建立了广泛的业务合作关系。

中央人民广播电台拥有国内领先，国际一流的数字多媒体演播厅、录音棚和音乐厅，节目制作、存储、播出、传输全面实现数字化。

中央人民广播电台是中国拥有高水平广播专业人才最多的广播电台，拥有强大的节目制作能力和一流的节目制作水平，节目多次获得国际和国内大奖，在中国乃至世界广播界享有盛誉。

中国国际广播电台（CRI）

它是我国唯一一家专门从事国际传播的广播传媒。创办于 1941 年 12 月 3 日，英文译名为 China Radio International，缩写为 CRI。目前使用 65 种语言全天候向世界传播，是全球使用语种最多的国际传播机构。

中国国际广播电台以“向世界介绍中国，向中国介绍世界，向世界报道世界，增进中国人民与世界人民之间的了解和友谊”为宗旨，以“中国立场、世界眼光、人类胸怀”为传播理念，实现了由单一媒体向综合媒体转变、由对外广播向国际传播转变、由本土媒体向跨国媒体转变，拥有广播、视频、平面媒体、新媒体、影视译制和产业六大集群，正积极建设现代、综合、新型国际传媒集团。

2007 年，中国国际广播电台成立了广播孔子学院，先后在国外新建了十几家广播孔子课堂，开展汉语教学和中国文化推广。

2009 年，中国国际广播电台推出面向移动互联网用户的“移动国际在线”英文版。用户可以通过手机随时浏览“移动国际在线”提供的新闻、财经、娱乐、旅游资讯，学习简单实用的汉语。2011 年，“移动国际在线”法文版、西班牙文版正式上线。

2011 年 1 月 18 日，中国国际广播电台开办中国国际广播电视网络台（China International Broadcasting Network，简称 CIBN）。它是新媒体领域的国家广播电视播出机构，是中国国际广播电台适应当代网络、数字等新媒体技术发展趋势，实现无疆界、跨媒体综合传播作出的重大选择。中国国际广播电视网络台以多语种网络电视频道和多语种移动服务终端等新媒体业态，致力于向全球受众提供更好的时事、政治、经济、文化、体育、旅游、社会和汉语教学等综合信息服务。2011 年 11 月 29 日，CIBN 互联网电视正式开播，天地视频网站正式上线，为全面打造 CIBN 核心竞争力，完善 CIBN 传播新格局奠定坚实基础，推进中国国际广播电台加快实现由传统单一媒体向广播电视综合媒体转型。

中国国际广播电台在世界重要国家和地区建有 38 个海外地区总站和记者站，并在国内各省、市、自治区以及香港、澳门特别行政区建有记者站，拥有庞大的信息网。

中央电视台（CCTV）

中央电视台是中华人民共和国国家电视台，1958 年 5 月 1 日试播，当年 9 月 2 日正式播出。初名北京电视台，1978 年 5 月 1 日更名为中央电视台，英文译名为 China Central Television，缩写为 CCTV。

中央电视台是中国重要的新闻舆论机构，是党、政府和人民的重要喉舌，是中国重要的思想文化阵地，是当今中国最具竞争力的主流媒体之一，具有传播新闻、社会教育、文化娱乐、信息服务等多种功能，是全国公众获取信息的主要渠道，也是中国了解世界、世界了解中国的重要窗口，在国际上的影响正日益增强。

中央电视台始终坚守“国家责任、全球视野、人文情怀”，基本建立覆盖全球的立体多样、融合发展的国际传播体系。目前，拥有 50 个电视频道（16 个公共频道、21 个数字付费频道、13 个境外 / 外语频道），31 个国内记者站，与 50 家地方电视台建立直播联盟体系，71 个海外记者站站点（2 个海外分台、5 个区域中心站和 64 个驻外记者站），数量在全球电视媒体中位居首位，形成全球化的新闻采编网络。央视是全球唯一每天用 6 种联合国工作语言不间断对外传播的电视媒体。央视节目在 171 个国家和地区落地播出，同时拥有 130 万小时视音频资料。其网络媒体是中国网络电视台（简称央视网；英文：China Network Television，简称 CNTV）。

央视已形成以电视传播为主业，电影、报刊、音像出版、新媒体等相互支撑的全媒体宣传、广告经营和产业拓展的多元化经营格局，每天有 7 亿中国观众收看央视节目。

中国国际电视台（中国环球电视网）

2016年12月30日，中国中央电视台宣布推出中国国际电视台（中国环球电视网），英文名为China Global Television Network，简称CGTN。

CGTN是一个多语种、多平台媒体集群。它由6个电视频道、3个海外分台、1个视频发稿通讯社和新媒体机构等组成。原CCTV NEWS频道被重新命名为CGTN，是24小时新闻频道，也是新机构的主打频道。

CCTV西班牙语、法语、阿拉伯语和俄语频道更名为CGTN西班牙语、法语、阿拉伯语和俄语频道。CCTV纪录国际频道更名为CGTN纪录频道。中国环球电视网的域名为CGTN.COM。

CGTN将加强全球报道能力建设，着力打造移动新媒体平台，探索媒体深度融合之路，以更丰富的内容、更高的专业品质为全球受众提供更好的服务。

央广网（www.cnr.cn）

央广网由中央人民广播电台主办，是中央重点新闻网站。其前身是于1998年8月注册开通的中央人民广播电台网站，全称“中国广播网”。

目前拥有新闻、财经、评论、军事、娱乐、体育、旅游、游戏、图库、视频等门类众多的专业频道50多个，以及吉林、黑龙江、浙江、河南、广西、甘肃等20家地方频道。中国广播网依托于中央人民广播电台中国之声、经济之声等16套广播频率、中国广播联盟180余家成员台和驻全国39个地方站及军队、武警等1000多名记者，以独家、快速的原创报道闻名，并以音频收听为特色。

为了满足用户更多需求，秉持“三屏融合”理念的中国广播网不断拓展在PC端、手机端、视频端的业务布局，目前有中国广播网、中国广播集成平台、央广之声（有声阅读）、银河互联网电视等四大新媒体业务板块，发展成为优势突出、特色鲜明的多媒体集群网站。

国际在线（www.cri.cn）

国际在线于1998年12月26日正式发布，是由中国国际广播电台（简称“CRI”）主办的国家重点新闻网站。

国际在线是中国语种最多的网络平台，通过61种语言对全球进行传播，受众遍布全球五大洲180多个国家和地区，是全球语言种类最多、传播地域最广、影响人群最大的多语种、多应用、多终端网站集群。国际在线旨在介绍中国的政治、经济、体育和文化等各个方面，主要提供新闻、文化和经济类信息，并以丰富的音频节目为特色，现已发展成为囊括了环球网络电台、网络电视和播客平台等新媒体在内的多媒体集群网站。

中国网络电视台（CNTV）

中国网络电视台由央视国际网络有限公司主办，是中央电视台旗下的国家网络广播电视播出机构，于2009年12月28日正式开播。英文译名为China Network Television，简称CNTV。域名为www.cntv.cn。

中国网络电视台充分发挥电视平台和网络平台的双平台优势，对国际国内重大政治、经济、社会、文化、体育等活动和事件以网络视听的形式进行快速、真实的报道和传播；同时着力为全球用户提供包括视频直播、点播、上传、搜索、分享等在内的、方便快捷的“全功能”服务，成为深受用户喜爱的信息娱乐网络视频公共服务平台。中国网络电视台以“参与式电视体验”为产品理念，在对传统电视节目资源再生产、再加工以及碎片化处理的同时，着力打造网络原创品牌节目，鼓励网友原创和分享。注重用户体验，不断完善服务体系，让网友在轻松体验高品质视听服务的同时，更多地参与到网络互动中来。

央视频

央视频是中央广播电视总台基于 5G+4K/8K+AI 等新技术推出的综合性视听新媒体旗舰平台，是中国首个国家级 5G 新媒体平台，2019 年 11 月 20 日正式上线。在技术架构上，通过云服务打通传统媒体生产环节和物理空间，实现了从内容数据到用户数据的共享分享、互联互通。在定位上，将中央广播电视总台既有的视频优势与用户喜爱的社交方式相结合，成为主流媒体中首个“视频社交媒体”。在形态上，以短视频为主，兼顾长视频和移动直播，具有独特的“以短带长”“直播点播关联”等功能，并可实现 4K 投屏观看，为用户带来全新震撼视听体验。在内容上，以账号体系为内容聚合逻辑，连接撬动总台长期积累沉淀的优质资源和各类社会头部创作力量，以开放共建实现优质社会资源整合，打造新媒体新平台。

央视网（www.cctv.com）

央视网是中央广播电视总台的官方网站，以央视强大资源为依托，集新闻、信息、娱乐、服务为一体，具有视听、互动特色的综合网络媒体。

央视网是中央重点新闻网站，以视频为特色，以互动和移动服务为基础，以特色产品和独家观点为核心，面向全球、多终端、立体化的新闻信息共享平台。

云　听

云听是中央广播电视总台基于5G+4K/8K+AI等新技术推出的总台高品质声音聚合分发平台，也是继央视频上线之后又一个中国国家级5G声音新媒体平台，2020年3月5日上线。

云听主打“听精品”“听广播”“听电视”三大内容板块，为移动互联网用户提供高品质声音产品。“听精品”重点包含有声阅读、知识付费、头部IP等内容，从市场热点及用户需求出发，进行内容定制生产及版权引入；“听广播”聚合全国电台直播流，并提供广播节目的碎片化点播收听服务；“听电视”协同央视频将总台优质视频内容进行音频化呈现，叠加音频、视频的“合力效应”，实现音视频价值最大化，形成总台音视频移动端产品“一体两翼”格局。

重温经典频道

中国广电重温经典频道（呼号：重温经典频道）是在国家广播电视总局指导下，由中国广电集团主办、北京歌华有线承办的高清电视直播频道，于2024年1月15日在北京、上海、广东、山东、吉林、贵州、河北等7省市上线试播。2024年2月1日试播验证结束，在全国有线电视网络正式落地开播。2024年2月1日，“重温经典”频道开播暨“重温经典”百部作品展播活动启动仪式在国家广电总局举行。

中国广电重温经典频道定位为公益性频道，免费向观众提供应看爱看、脍炙人口的经典内容，涵盖经典电视剧、动画片、纪录片等节目类型，旨在打造观众百看不厌、内容经久不衰、老少咸宜的国家级视听经典播出平台。

中国播音主持“金声奖”

中国播音主持“金声奖”于 2021 年经中央批准设立，由国家广播电视总局主办、中国电视艺术委员会承办，是我国播音主持领域的国家级政府奖，两年评选一届。

“金声奖”体现了党中央对广播电视播音员主持人队伍的关怀厚爱和殷切希望，是国家广播电视总局立足新发展阶段、贯彻新发展理念、构建新发展格局、增强广播电视队伍凝聚力的重要举措，激励广大播音员主持人在壮大主流思想舆论、彰显文化自信、讲好中国故事等方面作出更大贡献。

金声计划

“金声计划”以习近平新时代中国特色社会主义思想为指导，深入贯彻党的二十大精神，贯彻实施新时代人才强国战略，综合采取脱产培训、实践研修、交流研讨、网络轮训、送教上门等多种形式，充分发挥播音主持领军人才特别是“金声奖”获奖者作用，推动播音员主持人队伍进一步提升能力素质、强化职业素养、发挥示范作用。

该计划力争自 2024 年到 2028 年，用 5 年左右时间，培养

1000名播音主持业务骨干和100名播音主持教学骨干；培养100名“金声奖”后备人才；对5万名以上广播电视和网络视听播音员主持人及网络主播等相关人员进行网络培训，实现各级广播电视台、融媒体中心全覆盖。

二、广播电视节目概述

复习要点提示

- 了解广播电视传播符号。
- 熟悉广播电视的传播特点。
- 掌握广播电视新闻的语言表达。
- 了解电视新闻中画面、音响与文字的关系。

广播电视节目

广播电视节目是广播电台、电视台所有播出内容的基本组织形式和播出形式。它是一个按时间段划分、按线性传播的方式安排和表现内容、依时间顺序播送内容的多层次系统。就一个台来说，至少包括三个层次：

（1）一套节目，即一个台每天以同一呼号或在同一频率、频道中播出的全部节目，它们是按时间顺序排列的节目群，形成节目的顺时链。

（2）一个节目，即在特定时间段、连续播出的具体内容整体，这个节目既是顺时链的一环，自身又可由每天在同一时间段播出的多次节目组成自成一体的历时链，属于整个节目系统的基本层，又称作栏目。

（3）一次节目，即在当天某一特定时间播出的具体内容的整体，它是节目历时链的具体环节，属于整个节目系统的基础层次。

这三个层次以统辖—隶属的关系，构成了一个台的有机节目系统。如果一个台有几套节目，那么在同一时间内就有几个节目在播出，这些节目之间又形成了共时链的关系。整个系统形成了梯级构建。而作为节目系统的基础层次的一次节目，本身也是完整的微观系统，往往包含着一系列下属概念，如报道形式、样式、体裁等。

广播、电视节目存在着多种分类。按内容性质可分为新闻性节目、教育性节目、文艺性节目和服务性节目；按内容构成和组合形式可分为综合节目、专题节目、杂志型节目；按播出方式可分为直播节目和录播节目；按播出时间可分为定期节目、特别节目、插播节目；按播出次数与内容的关系可分为首播节目、重播节目和滚动节目，等等。

广播电视的传播特点

广播的传播特点主要有：

（1）传播迅速，信息量大。

广播的采录设备小巧灵活、机动性强，制作简单，便于记者迅速采制报道，能够在第一时间发布信息，甚至做到于事件发生发展过程中进行同步报道。

（2）听众广泛，覆盖面广。

听众收听广播受到的限制相对较小，不需要受众具有很高的文化程度，听众范围较广泛。广播媒介的覆盖相对于电视媒介也更容易；广播可以伴随接收——边做事情边收听或在移动状态下收听。因而常被称为伴随型媒介，扩大了接受的可能。这一特色使广播在未来的媒介格局中拥有了更大的主动权。

（3）声情并茂，参与性强。

通过声音传递信息，使广播相对来说具有更强的传真、传情的能力，更具亲和力和参与感。另外从技术上说，受众直接参与广播节目的方便性、隐匿性特点，也使得广播的参与性强于其他媒介。

（4）转瞬即逝，不易保存。

广播是以声音为唯一传播符号的媒介，听众在收听的过程中，信息转瞬即逝，使受众对传播内容不易留下深刻印象，特别是对一些复杂抽象的内容，很难在稍纵即逝的条件下获得透彻理解。相对来说，报纸、杂志则可以通过反复阅读、思考，来理解难懂的问题或语词。另外，广播节目如要保存必须事先准备好录音设备，不便于受众随时随地保存信息。

（5）线性传播的选择性差。

报纸以“面”的、实体的形式呈现在读者面前，读者读报可以按自己的需要和兴趣选择内容，拥有较强的自主权和选择权。而广播则需按时间顺序安排内容，以接连不断的“线”性形式一一呈现出来，受众只能依顺序接收，很难自主选择自己喜爱的节目和内容，也就难以主动把握重点。在特定时间里，受众只能有效地接收一套节目，不能提前、不能推后，更不能错过接收时间。受众的选择权是不完全的。

电视的传播特点主要有：

（1）信息符号视听兼备，声像互动，可以传递比其他媒介更多的信息。电视同时调动图像、声音、文字和画面景别、角度、色彩等手段传播信息，以达到真实、全面、生动地反映社会生活的目的。

（2）长于再现，重构时空，现场感强烈。电视在真实再现事物的变化过程方面，具有得天独厚的优势。在现实中事物发展变化的信息往往是多形式全方位同时发生的，例如伴随着一个具体事物发展变化的氛围、条件等，电视可以较全面地记录反映这一状况，使观众真正进入见其人、闻其声的接收状态。

（3）时效性强。同广播媒介一样，随着传播技术的不断进步，电视的采制设备也日益趋向小型化，大大提高了其传播效率，时效性越来越强。

（4）在传播劣势上，同广播一样，电视也存在转瞬即逝、不易保存，信息选择性差的劣势。除此之外，电视画面传播的局限性也成为限制。影视符号是感性的符号形式，不具备抽象性和概括性。它是个别的、特殊的，长于展示而拙于阐释。另外影视符号有孤立影像含义的不确定性。

广播的传播符号

广播的传播符号是声音，各种声音按不同的特性，被划分为三个类别：语言、音乐和音响。

广播语言是指传播者在节目中进行播报、解释、说明等内容的单纯语言表达，是广播运载信息最基本的符号系统。在新闻类广播节目中，语言的基本形态有三种：一是新闻播音语言，二是新闻报道语言，三是实况语言。新闻播音语言，是指广播电视新闻传播机构承担向受众口头传播语言信息（播音）工作的人在播讲稿件时使用的语言，其特点是规范。新闻报道语言是指新闻信息传播机构中承担信息采集、编辑报道工作的人（记者、编辑）为报道新闻而播讲报道词、解说词时使用的语言，它比播音语言更自然。实况语言是新闻事件及记者在采访活动中发生的语言交流，具有原始的真实性，在三种声音中最为自然。

音乐是通过组织音乐表现情感的声音。在广播中，音乐的存在形式有三种：一种叫作音乐节目，一种叫作节目音乐，一种叫作实况音乐。音乐节目是专门提供音乐审美供受众欣赏的节目，它不为广播所专有；节目音乐主要担负在节目中配合、辅助其他传播要素的功用，如开始曲、间隔乐、配乐等；实况音乐则是新闻事实的有机组成部分。新闻节目以传播信息为目的，要求在形式上尽可能客观公正，因而在新闻类节目中，可以采用节目音乐来提高可听性。至于在文艺等其他类型的节目中，节目音乐的运用更为广泛。

音响在不同的语境中，有不同的含义。就一般意义而言，它可以作为“声音”的同义语。在广播中，它被用来指报道、解说语言（不包括采访对话语言）和音乐节目、节目音乐以外的一切声音。当它在广播新闻中与语言、音乐概念并举时，所指的是除去演播室语言和音乐以外的声音。在广播传播中的音响，可分为实况音响与音响效果两种。实况音响是客观物质运动声波的真实再现，具有现实还原的特点。对实况音响而言，声音的客观存在是其真实感的来源。实况音响的类别有：从内容上分为人声和物声，时间上分为实况音响和资料音响，在与采录者的关系上分为主观音响与客观音响，从在节目中发挥的作用上分为主题音响与辅助音响，从声音的地位上分为主体音响和背景音响。音响效果是信息传播者制造出来的或转借来的声音，它与实况音响的区别在于，实况音响具有客观真实性，而音响效果仅具有真实感，不具有客观真实性。正是出于这个原因，新闻节目一般不使用音响效果。其他类别的节目，在非客观再现的情况下，可以用它来增强传播效果。

电视的传播符号

电视的传播符号是声音和图像。各种声音及声音的不同组合方式，被分为三个类别：语言、音响、音乐。

图像在形式上大致可分为：

1. 文字

在电视中，文字的出现有两种情况：一是画面内的文字；二是编辑制作时加上去的文字，称为“屏幕文字”或“字幕”。画面文字是指摄录的影像内存在的文字（如匾额、会标、标语等）。画面文字使用得当，可以自然、准确地传达明确的信息。“屏幕文字”是指根据节目信息传达的需要，在后期制作或播出时加在影像、屏幕上的文字。

文字是语言的空间形式，因而从原则上讲，有声语言所能发挥的作用，文字同样可以发挥。然而，在电视当中，它不是有声语言的简单替代，而是作为一种独立的传播要素发挥作用，特别是在某些有声语言无能为力的场所发挥作用。与影像等相比，文字在传达信息时具有抽象概括的能力，具有间接、明确、灵活的优势，因而在电视传播中常用于辅助其他形式的图像和声音传达准确的限定性信息，弥补影像多义性和声音易产生歧义等局限，发挥补充、说明、介绍、引导、强调、扩大信息量和美化画面构图等各种作用。文字还能在电视中单独传达信息，如在不中断节目播出的情况下以字幕的形式插播最新消息和节目预告等。另外，采用“声画合一”的手法，有声语言和文字同步播出，既利于受众接收，也有利于加深记忆，加之与有声语言相比，文字不易产生同音歧义的优点，因而对于重要会议公报、政令、名单等密集抽象性信息内容的传播，可以帮助观众更好地接收。此外，文字还不会对声音产生干扰。在不宜出现解说语言的特定条件下，通过文字传达必要信息，就是一条可行的方式。

2. 示意图与图表

示意图是事物、形态、关系等的简约化形式。由于它删除了一切无关的细节，使其意得以凸显。图表是以坐标系统形成的结构，用以显示数量或层级的差异和关系的。示意图和图表在信息传达上具有展现内在状态、使抽象概念形象化、复杂信息简明化、复杂关系条理化等能力，适用于来传达内在性、系统性、整体性、宏观性、对比性的信息。它能够化繁为简，使影像难以涵盖或表现、语言叙述头绪繁多难以表达和理解的内容变得一目了然。简化、形象、直观是图表传达信息的优势所在。

3. 照片与图片

一般是作为影像的补充，用于没有、无法或不宜拍摄活动影像的情况。传播形象画面是电视的优势，但对摄录设备的依赖又制约了它的灵活性。在某些特定条件下，无法或不容许进行拍摄，不能获得活动影像，此时照片或绘画图片成为形象表达的另一种选择。

4. 影像

电视影像是电视摄录系统对事物光影状态及其变化的连续再现。电视影像媒介特性的本质是对象具体可感性的再现。电视影像的基本特征有：

（1）再现性的本质特征。电视摄像机所摄录画面音响中的对象是具体的客观存在物，画面能客观准确地再现镜头前拍摄的现象，包括对象的运动、色彩、影调，等等。因此，纪实性电视画面被看作现实的真实再现，能激起观众相当强烈的现实感。

（2）时空一体的运动存在方式。电视影像是时空一体、连续运动的活动画面。一方面，电视影像展示的是与客观世界同样的情景，而时空一体的运动变化是人类感知客观世界的基本方式。另一方面，电视摄录系统也以它特有的方式记录、传播其摄录对象，这其中就包含着其自身的运动与变化，如有水平方向、垂直方向等各种不同角度的推、拉、摇、移、升、降、甩等镜头运动。它们提供了人们观察对象的不同视野和视角，也提供了制作者观察、选择与传达信息的能动性。

（3）声像一体的信息形式。电视影像具备声像一体记录的能力。现实中的事物一般都是存在于特定的声音背景中的，声像一体是人类接受外界信息惯常的自然方式，声像一体的相互引导与印证作用，可以使受众更准确、更全面、更轻松自然地把握信息。因而，它是电视影像的传播优势之一，也是受众对电视影像的基本期待。

（4）限定性显示空间。就目前而言，电视影像的拍摄与显示还不是全视域的。人们只能在限定的显示屏幕框架内观看影像。这种拍摄与显示上的制约性，决定了电视的摄录、传达与接受方式，具有相当的强制性。

（5）感性的符号形式。影像作为符号，是完全感性的自然符号，一般不具备抽象性和概括性，它是个别的、特殊的感觉——知觉层面的丰富信息。因此，影像符号长于展示而拙于阐释。

（6）孤立影像含义的不确定性。由于画面是客体的再现，而客体是不会自己向观察者讲述其意义的——意义是关系的产物；对于影像来说，其意义是人对影像中显示的关系的把握。因而，对处于该关系变化过程之外的电视受众而言，对作为关系要素的各画面或镜头孤立来看，其含义是无法确定的，可以做多种理解。

电视影像的要素

影像是电视摄录系统对事物光影状态及其变化的连续再现。电视影像的要素主要包括：

1. 镜头与蒙太奇

由电视摄录系统记录的一段连续的动态影像流程称为一个镜头，它是电视语言的基本表意单元和叙事单元，相当于语言中的词汇。它既有两维平面表现三维立体的空间特性，又有影像连续运动的时间特性。在现代电视观念中，声音是镜头的有机成分。电视镜头作为事物时空的影像记录，从本质意义讲，它展现的应该是形声一体化的形象，声音是镜头的有机成分。

蒙太奇又称镜头语言。即在影视作品的创作中将一个一个的镜头，根据一定的规律和逻辑关系组接在一起，通过形象之间相辅相成或相反相成的关系，相互作用，产生连贯、对比、呼应、联想、悬念等效果，形成一个含义相对完整的表意整体。从广义上讲，蒙太奇作为影视艺术的特殊的语言形态具有以下三个层次的意义：

（1）作为影像表达反映现实的独特的思维方式，即直观视听形式的思维。

（2）作为影像作品基本的叙事方式和结构方式。

（3）镜头剪辑的具体技巧和技法。蒙太奇作为剪辑技巧具有多种手法和表意能力。

2. 画面构图

对被拍摄对象以及各种造型元素进行组织和安排，使其成为具有思想含义与美感形式的画面形象的过程。构成一幅画面的主要因素有主体、陪体、前景、背景与空白。影响画面构图的主要因素有影调、形状、线条、色彩等。画面构图就是要通过合理选择拍摄角度、拍摄方向、拍摄距离，把这些因素进行比较、搭配、组合与结构，使它们具有一种和谐的关系。画面构图是决定造型形式的基础，不同的表现目的和审美要求会影响到对构图的处理方法。

3. 光线

分为自然光和人工光。在摄影摄像中，各不相同的光线效果在造型上能改变和确定对象的形状；在构图上能形成不同的影调（亮调、暗调等），能表现不同的景色情调及各种气氛，形成不同的影调结构，组织视觉重点，表现空间，表现节奏等。

4. 拍摄角度

摄像机与被摄体之间的位置关系，除了远近之外还有角度的不同。拍摄角度在垂直方向上分为：平角、俯角和仰角；在水平方向上分为：正面、侧面和背面。

（1）平角。摄像机水平放置拍摄。一般镜头的高度和被摄入人物的眼睛多处在同一水平线上，视觉效果与人们在生活中观察事物时的角度相近，因而给人的感觉比较自然。这是较常用的拍摄角度。

（2）俯角。摄像机镜头向下倾斜拍摄。这种拍摄角度特别适宜拍摄大场面，也常用于表现居高临下的主观视角。由于透视效果的关系，画面中的人物会显得矮小、变形，因而常用来暗示人物品性的卑微或渲染孤独、压抑等沉重情绪，以及交代全貌。

（3）仰角。摄像机镜头向上倾斜拍摄。一般镜头的高度低于被摄人物的眼睛。视觉效果与俯角拍摄的画面相反，仰角拍摄使被摄物显得高大壮观。

（4）正面。被拍摄对象的正面朝向摄像机镜头所拍摄的镜头画面。如果被拍摄对象是人物的话，给人以直面相对的感觉，因而对受众注意力的吸引力最大。

（5）侧面。被拍摄对象的正面与摄影机镜头成 90° 夹角所拍摄的镜头画面。受众仿佛是处在旁观者的位置上。

（6）背面。对拍摄对象的正面与摄像机镜头的方向一致所拍摄的镜头画面。如果拍人物的话，画面上出现的就是人物的背影。

5. 运动镜头

通过改变摄像机机位、拍摄方向或变化镜头焦距所拍摄的镜头。在运动镜头中，根据摄像机运动的方式，可分为：变焦距镜头、摇镜头、移动镜头等。

（1）变焦距镜头。是通过一边改变镜头焦距一边进行拍摄的方式获得的镜头。它的运动是沿着镜头光轴的方向进行的。它可以通过镜头的实际接近、离开实现，也可以通过光学变焦镜头的旋转模拟实现。它有些类似于人们注意力的改变而产生的观察范围及其效果的变化过程，不同之处在于：人的注意力引发的观察范围的变化，是在瞬间完成的，而变焦距镜头的拍摄过程中增加了变化的过渡过程，因而带上了某种表现的意味。

（2）摇镜头。摇镜头的获得过程称作摇摄。摇摄是指摄像机镜头以固定支点为圆心做旋转运动进行拍摄。摇摄就如同人通过转动头部、身体在原地变换姿势产生的环顾性视线移动。

（3）移动镜头。所谓移动镜头，就是摄像机在运动中所拍摄到的镜头。它可以全方位地变换与被拍摄对象的距离和拍摄角度，形成推、拉、移、升、降、跟等各种运动方式。

6. 景别

画面中表现出的视域范围。它直接体现为景物在画面中空间范围的大小和主体在画面中所占面积的大小。景别的大小通常由摄像机与被摄体之间的距离以及所使用镜头焦距的长短来决定。画面分为不同的景别，是为了对内容的主次轻重、被摄体的远近大小给予恰当的表现，以达到准确地叙述和艺术地表现的目的。

景别一般分为：远景、全景、中景、近景、特写。远景是表现较大范围的空间、环境、自然景色或众多人群活动场面的电视画面；全景是表现成年人的全身或场景全貌的电视画面；中景是表现成年人膝盖以上或具有典型意义的局部画面；近景是表现成年人胸部以上或物体局部的电视画面；特写是表现成年人肩部以上的头像或某些被摄对象细部的电视画面。

广播电视新闻的语言表达

广播电视新闻的语言表达必须遵循广播电视媒体的传播特点和新闻写作的基本原则，具体表现为：

（1）易于接收、接受。线性传播、转瞬即逝的特点要求受众的思维紧紧跟随，容不得细细揣摩，同时广播电视受众在文化、年龄上是多层次的，因此，广播电视新闻写作的内容和语言应明白晓畅，易于接收、接受。

（2）可听性。广播电视要求受众用听觉器官捕捉语音、语义，因此要让受众听得见、听得懂，要求“入耳”和“入脑”，便于耳听接收。

（3）准确性。广播电视新闻的语言表达要求真实准确，新闻报道对象要确有其事，构成新闻的基本要素、过程细节、引语、资料等都应是准确的。

（4）完整性。广播电视新闻写作中，信息应相对完整。

（5）通俗性。要把深刻的思想、复杂的问题等用浅显易懂的语言表达清楚。注意通俗化不等于简单化、庸俗化。

广播新闻中音响与文字的关系

广播新闻中解说词通常起到叙述事实、说明音响、补充音响、概括提示音响，连缀音响组成报道的作用。在节目中要处理好二者的关系。写解说词的时候要兼顾音响内容，解说要合理安排、结构音响，解说与音响要和谐统一。音响报道要充分发挥音响的作用，用音响直接表达报道的主题。文字要对音响做必要的说明和补充。凡能用音响表现的，就不要用文字，凡音响已经表达清楚的，文字就不要再重复。

电视新闻中画面、音响与文字的关系

负载电视新闻的三大元素——画面、同期声、文字解说，相对于电视新闻的整体而言，都是不完整的，都只是其中的一个组成部分。电视新闻的画面、同期声和文字稿要紧密配合画面，结合画面进行组织和写作。应根据新闻主题的需要，去挖掘画面内在的含义，交代画面无法交代而又必须传达的信息，使同期声、解说词与画面形成一体。

公益广告

公益广告是以为公众谋利益和提高福利待遇为目的而设计的广告。是企业或社会团体向消费者阐明它对社会的功能和责任，表明自己追求的不仅仅是从经营中获利，而是过问和参与如何解决社会问题和环境问题这一意图的广告，它是指不以营利为目的而为社会公众切身利益和社会风尚服务的广告。它具有社会的效益性、主题的现实性和表现的号召性三大特点。

三、新型传播平台的概念和种类

复习要点提示

- 深入把握《关于推动传统媒体和新兴媒体融合发展的指导意见》的主要精神。
- 了解媒体的数字化、网络化、移动化、智能化。
- 了解智慧广电战略、移动优先战略、微信、微博、客户端、社交媒体、网络直播、UGC（用户生产内容）、PGC（专业生产内容）、网络主播、网络综艺、网络剧、网络电影、短视频、跨屏互动、虚拟数字人、网络微短剧等。

2014 年 8 月 18 日，中央全面深化改革领导小组第四次会议审议通过了《关于推动传统媒体和新兴媒体融合发展的指导意见》（简称《意见》）。《意见》对新形势下如何推动媒体融合发展提出了明确要求，作出了具体部署。

《意见》指出，整合新闻媒体资源，推动传统媒体和新兴媒体融合发展，是落实中央全面深化改革部署、推进宣传文化领域改革创新的一项重要任务，是适应媒体格局深刻变化、提升主流媒体传播力公信力影响力和舆论引导能力的重要举措。通过融合发展，使我们的主流媒体科学运用先进传播技术，增强信息生产和服务能力，更好地传播党和政府声音，更好地满足人民群众的信息需求。

《意见》提出，推动媒体融合发展，要遵循新闻传播规律和新兴媒体发展规律，强化互联网思维，坚持正确方向和舆论导向、坚持统筹协调、坚持创新发展、坚持一体化发展、坚持先进技术为支撑。

《意见》强调，推动媒体融合发展，要将技术建设和内容建设摆在同等重要的位置。要顺应互联网传播移动化、社交化、视频化的趋势，积极运用大数据、云计算等新技术，发展移动客户端、手机网站等新应用新业态，不断提高技术研发水平，以新技术引领媒体融合发展、驱动媒体转型升级。同时，要适应新兴媒体传播特点，加强内容建设，创新采编流程，优化信息服务，以内容优势赢得发展优势。

《意见》指出，推动媒体融合发展，要按照积极推进、科学发展、规范管理、确保导向的要求，推动传统媒体和新兴媒体在内容、渠道、平台、经营、管理等方面深度融合，着力打造一批形态多样、手段先进、具有竞争力的新型主流媒体，建成几家拥有强大实力和传播力公信力影响力的新型媒体集团，形成立体多样、融合发展的现代传播体系。要一手抓融合，一手抓管理，确保融合发展始终沿着正确的方向推进。

媒体的数字化、网络化、移动化、智能化

媒体的数字化，是指媒体将数字技术（以二进制格式为内核）广泛而深入地运用在信息和数据的收集、加工、显示、存储和传输等多个方面的过程和结果。

媒体的网络化，是指媒体为适应网络时代的发展和变化，依托国际互联网这个信息传播平台，进行内容生产和传播的过程和结果。

媒体的移动化，是指媒体在移动互联网时代，基于移动终端与新媒体的融合的现实需求，以移动传播体系的建立为前提、以精准传播为目的的内容生产、传播和盈利的过程和结果。

媒体的智能化，是指媒体以网络、大数据、物联网和人工智能等技术为基础，运用算法驱动技术，以实现信息的精准传播的过程和结果。

智慧广电战略

智慧广电的本质是新兴信息技术与广播影视既有优势的高度融合，是广播影视数字化、网络化、智能化的新发展。

打造智慧广电，是适应经济发展新常态、满足人民数字生活新期待、顺应信息技术新发展的必然要求。打造智慧广电、畅享数字生活，要坚持受众为本、内容为王，加快智能化生产运营、分发传播。打造智慧广电、畅享数字生活，要坚持融合创新、协同覆盖，打造无处不在、数字智能的广电网络。打造智慧广电、畅享数字生活，要坚持人民至上、服务为要，提供以视听为核心的全业务优质服务。打造智慧广电、畅享数字生活，要坚持安全为基、创新驱动，以法治思维和法治方式，不断提升监管的智能化水平。

在 2017 年第 54 届亚广联大会暨第 14 届四川电视节上，国家新闻出版广电总局副局长田进强调加快实施“智慧广电”战略。必须坚持“四个强化”。

第一，必须强化战略定位。要进一步深化认识，深刻理解、准确把握实施“智慧广电”战略的重大意义，真正把其作为关系广播电视生存发展，推动广播电视转型升级、创新发展的重大战略任务。

第二，必须强化技术支撑。重点是要大力加强融合媒体制播系统、有线无线卫星智能协同覆盖系统、智能电视操作系统（TVOS）、广电物联网应用系统等技术建设，加快推进内容生产智能化、分发传播智能化、网络覆盖智能化、用户服务智能化。

第三，必须强化业务驱动。要充分发挥广播电视的特性和优势，在提升优化广播电视服务的同时，大力拓展服务内容，大力提高服务质量，构建智慧广电的业务生态，打造智慧广电服务品牌。

第四，必须强化安全保障。要加强技术标准的管理，完善标准体系。要建立健全监测监管平台，强化全方位监测监管，确保任何时候任何情况下内容、信息、数据和平台、渠道、技术等可管可控、安全可靠。

移动优先战略

现在已进入移动互联时代，“终端随人走、信息围人转”成为信息传播的新态势。可以预见，随着 5G、人工智能、可穿戴设备等技术的不断演进，移动媒体必将进入加速发展的新阶段。推动媒体融合发展，必须顺应移动化大趋势，强化移动优先意识，实施移动优先战略。

打造移动传播矩阵。移动传播载体发展迅速，新闻客户端、微博账号、微信公众号、手机报、移动电视、网络电台等不断涌现，形态丰富多样。目前来看，新闻客户端功能比较完备、信息容量大、方便易用。传统媒体进入移动传播领域，需要关注新闻客户端发展，推动移动媒体建设，形成载体多样、渠道丰富、覆盖广泛的移动传播矩阵。要充分发挥传统媒体的专业采编优势、信息资源优势、媒体品牌优势，强化用户意识，优化使用体验，实现精准推送，最大限度吸引用户。

创新移动新闻产品。优质内容是媒体的立身之本。主流媒体的移动新闻生产，要遵循新闻传播规律和新媒体发展规律，重点在“准”“新”“微”“快”上下功夫，打造与主流媒体品格和气质相一致的移动新闻精品。“准”就是要恪守新闻真实性原则，守护好准确、权威、专业的“金字招牌”，把准方向、把好导向，为用户提供真实客观、观点鲜明的信息内容。“新”就是要创新内容表达、丰富呈现形式，推出各种样式和形态的移动新闻产品，比如直播新闻、互动新闻、个性新闻、可视化新闻、动新闻、听新闻、大数据新闻、机器人新闻等，做到人无我有、人有我优。“微”就是要多提供短小精悍、鲜活快捷、“微言大义”的信息。要善于运用微博、微信、微视频、微电影、微动漫等方式，推出更多微内容、微信息，方便人们利用碎片化时间阅读。“快”就是要抢占第一时间、第一落点，即时采集、即时推送，快速做出反应、迅速送达用户，在传播中抢得先机。

紧盯移动技术前沿。技术是融合发展的重要推动力，也是媒体亟待补齐的短板。推动媒体深度融合，必须以先进技术为支撑，用最好、最新的技术提升采编能力，拓宽传播领域。一方面，要用好现有技术。充分运用数据抓取、云计算、数据库、大数据分析等技术，整合内容资源，提升数据存储挖掘利用能力；充分运用4G传输、流媒体传输、移动直播、无人机采集、全景拍摄等技术，获取充足信息，提升信息传播的效率和稳定性；充分运用虚拟现实、3D、H5等技术，丰富表现形式，增强信息呈现的质量和冲击力。另一方面，要研发亟须技术。在已经出现的“用户画像”、场景匹配、人工智能等技术基础上，研究适用于新闻领域的个性分析、即时推送、机器人写作等技术应用。要密切关注5G传输、全息投影、增强现实、物联网、可穿戴设备等前沿技术发展动态，积极谋划和布局未来移动传播终端，着力增强相关技术研发应用能力，抢占移动技术发展应用的先机。技术是为内容服务的，运用任何信息传播新技术，都要加强技术把关、内容把关，确保新闻真实准确。

微　信

微信（WeChat）是腾讯公司于2011年1月21日推出的一个为智能终端提供即时通信服务的免费应用程序，微信支持跨通信运营商、跨操作系统平台通过网络快速发送语音短信、视频、图片和文字，同时，也可以使用通过共享流媒体内容的资料和基于位置的社交插件“摇一摇”“朋友圈”“公众平台”“语音记事本”等服务插件。

微信平台的价值主要体现在作为社交平台的价值、作为媒体的价值、作为营销及服务平台的价值、作为移动互联网入口的价值以及作为互联网连接器的价值。

微　博

微博，又称微型博客、微博客，英文译名为MicroBlog或Micro-blogging，它是一个基于用户关系的信息分享、传播以及获取平台，是博客在Web2.0时代的新发展，也是最具代表性的社交媒体。

微博的传播特点有：

微博的书写终端具有多样性。从硬件上说，用户可以使用电脑和手机更新微博；从软件上说，一切能够与微博服务器相连的终端或软件都可以实现微博信息的即时分享，如微博主页、即时通信软件（MSN、Gtalk、QQ、Skype）、各种移动互联网软件等。

信息传播的碎片化。主要体现在两个方面：一是用户使用时间的碎片化。书写终端的多样性和移动性使得微博用户可以利用任何碎片化的时间来完成信息传播。二是微博内容的碎片化。140字的字数限制使微博写作本身并不具有系统表达的优势，用户在微博中也只能通过一两句话来传递零散的信息，信息内容有较强的随意性和无组织性。

传播过程的平民性和平等性。相对于博客来说，微博的信息传播更具平民性，用户在信息传播过程中的地位更加平等。

传播内容具有原创性和现场感。相对于其他自媒体，微博的内容更具原创性。

“背对脸”的信息交互方式。这种“背对脸”的交互方式，在很大程度上是对现实社交网络中人际传播机制的复制和拓展。相对于博客来说，微博的信息交互更接近于现实中的人际交互。

客户端

客户端也称为用户端，是指与服务器相对应，为客户提供本地服务的程序。除了一些只在本地运行的应用程序之外，一般安装在普通的客户机上，需要与服务端互相配合运行。因特网发展以后，较常用的用户端包括了如万维网使用的网页浏览器，收寄电子邮件时的电子邮件客户端，以及即时通信的客户端软件等。

社交媒体

社交媒体（Social Media）指互联网上基于用户关系的内容生产与交换平台。社交媒体是人们彼此之间用来分享意见、见解、经验和观点的工具和平台，现阶段主要包括社交网站、微博、微信、博客、论坛、播客，等等。无处不在的社交媒体对网民的生活有着极为重要的积极意义，社交媒体重构了网民的日常生活，不仅加强了个体与朋友、家人之间的联系，也成为他们了解社会热点新闻的重要渠道，更是人们表达自我、展现自我的自媒体平台。

网络直播

利用互联网（或专网）和先进的多媒体通信技术，通过在网上构建一个集音频、视频、桌面共享、文档共享、互动环节为一体的多功能网络直播平台，企业或个人可以直接在线进行语音、视频、数据的全面交流与互动。

UGC（用户生产内容）

互联网术语，全称为 User Generated Content，指用户生产内容。UGC 的概念最早起源于互联网领域，是伴随着以提倡个性化为主要特点的 Web2.0 概念兴起的。用户将自己原创的内容通过互联网平台进行展示或者提供给其他用户。它并不是某一种具体的业务，而是一种用户使用互联网的新方式，即由原来的以下载为主变成下载和上传并重。随着互联网运用的发展，网络用户的交互作用得以体现，用户既是网络内容的浏览者，也是网络内容的创造者。

PGC（专业生产内容）

全称 Professional Generated Content，互联网术语。指专业生产

内容（视频网站）、专家生产内容（微博）。用来泛指内容个性化、视角多元化、传播民主化、社会关系虚拟化。

网络主播

在互联网节目或活动中，负责参与一系列策划、编辑、录制、制作、观众互动等工作，并由本人担当主持工作的人或职业。

网络综艺

网络综艺，简称网综，是指网络视频服务商、影视制作机构或个人制作并以网络平台为主要播出渠道的娱乐性综艺节目形式。

网络剧

网络剧是专门为电脑网络制作的，通过互联网播放的一类网络连续剧。网络剧与电视剧的区别主要是播放媒介不同。传统电视剧的播放媒介主要为电视，网络剧的主要播放媒介是电脑、手机、平板电脑等网络设备。

网络电影

“网络电影”大致包含两层意思：其一是狭义的，特指专供网络传播的电影作品；其二是广义的，用来泛指“数字到户”以后，受众通过因特网接收的各类影视节目。

短视频

短视频即短片视频，是指在各种新媒体平台上播放的、适合在移动状态和短时休闲状态下观看的、高频推送的视频内容，几秒到几分钟不等。内容融合了技能分享、幽默搞怪、时尚潮流、社会热点、街头采访、公益教育、广告创意、商业定制等主题。由于内容较短，可以单独成片，也可以成为系列栏目。

跨屏互动

跨屏互动是通过新一代移动互联网技术建立起来的屏与屏之间的链接和交互。它弥补了电视单向传播的短板，使得电视具有可交互的双向传播功能。移动端用户可以通过扫一扫、摇一摇等应用直接参与电视节目。跨屏互动场景给观众和用户带来全新的体验，如抢红包、礼券、积分、弹幕。

虚拟数字人

指运用数字技术创造出来的、与人类形象接近的数字化人物形象。它拥有人的外观，具有特定的相貌、性别和性格等人物特征；拥有人的行为，具有用语言、面部表情和肢体动作表达的能力；拥有人的思想，具有识别外界环境，并能与人交流互动的能力。虚拟数字人系统一般情况下由人物形象、语音生成、动画生成、音视频合成显示、交互等 5 个模块构成。非交互型数字人，系统依据目标文本生成对应的人物语音及动画，并合成音视频呈现给用户。交互型数字人又可分为智能驱动型数字人、真人驱动型数字人。智能驱动型数字人通过智能系统自动读取并解析识别外界输入信息，根据解析结果决策数字人后续的输出文本，驱动人物模型生成相应的语音与动作来使数字人跟用户互动。真人驱动型数字人是真人根据视频监控系统传来的用户视频，与用户实时语音，同时通过动作捕捉采集系统将真人的表情、动作呈现在虚拟数字人形象上，从而与用户进行交互。

网络微短剧

2020 年 8 月，国家广电总局在备案系统新增“网络微短剧”板块，正式纳入监管，是继网络影视剧、网络电影、网络动画片后第四种官方认可的网络影视作品形态。国家广电总局将网络微短剧定义为“单集时长从几十秒到 15 分钟左右、有着相对明确的主题和主线、较为连续和完整的故事情节的网络视听节目”。

《广播电视基础知识》
模拟试卷与参考答案

《广播电视基础知识》模拟试卷（一）

1. 笔试题满分为 100 分。
2. 笔试考试时间为 90 分钟。
3. 考试方式为闭卷考试。
4. 试题类型包括选择题、简答题、辨析题、论述题。

一、单项选择题（本大题共 10 小题，每小题 1 分，共 10 分）

1. 以下关于马克思主义新闻观的说法中，正确的说法是（　　）。
   A. 马克思主义新闻观是具有时代意义、与时俱进的
   B. 马克思主义新闻观与新闻专业主义是水火不容的
   C. 学习马克思主义新闻观就是学习领导人的语录
   D. 马克思主义新闻观只适用于党报

2. 在当前的新闻实践中，具体把握和贯彻党报的群众路线最基本的要求是（　　）。
   A. 为人民群众服务　　B. 坚持“三贴近”原则
   C. 拓展群众参与渠道　　D. 具有群众意识

3. 关于新闻事业的性质，下面的表述不正确的一项是（　　）。
   A. 新闻事业是一定社会的经济基础通过新闻手段的反映
   B. 新闻事业是一个国家的经济基础
   C. 新闻事业属于上层建筑意识形态范畴
   D. 新闻事业是综合国力和国家形象的体现

4. 用户将自己原创的内容通过互联网平台进行展示或者提供给其他用户指的是（　　）。

A. UGC　　B. PGC

C. 网络直播　　D. 网络主播

5. 新闻舆论监督的主要手段是（　　）。

A. 建议意见　　B. 新闻评论

C. 追踪报道　　D. 新闻批评

6. 关于“舆论导向”，以下观点表述不正确的是（　　）。

A. 要坚持把舆论导向放在首位，这是新闻宣传最重要的责任

B. 当代马克思主义新闻观，其根本点是必须坚持正确舆论导向

C. 能否正确把握舆论导向是检验新闻工作党性的重要标尺

D. 只有在正确的新闻观指导下，新闻舆论工作才会坚持正确的舆论导向

7. 中国共产党创办的第一座人民广播电台是（　　）。

A. 中国国际广播电台　　B. 中央人民广播电台

C. 延安新华广播电台　　D. 北平广播电台

8. 在我国，“有偿新闻”的含义指的是（　　）。

A. 谁出钱就报道谁，报道谁就向谁要钱

B. 新闻机构向作者付的稿酬

C. 记者向采访对象、消息来源支付的材料费

D. 报社向通讯社付的新闻稿费

9. 蒙太奇作为影视艺术的特殊的语言形态，其含义包括（　　）。

A. 作为影像表达反映现实的独特的思维方式，即直观视听形式的思维

B. 作为影像作品基本的叙事方式和结构方式

C. 镜头剪辑的具体技巧和技法

D. 以上三者都有

10.（　　）于 2021 年经中央批准设立，由国家广播电视总局主办、中国电视艺术委员会承办，是我国播音主持领域的国家级政府奖。

A. 金声奖　　B. 星光奖

C. 飞天奖　　D. 兰花奖

二、多项选择题（本大题共 5 小题，每小题 2 分，共 10 分）

11. “双百方针”即（　　）。

A. 百花齐放　　B. 百家争鸣

C. 百折不挠　　D. 百里挑一

12. 新闻真实的具体要求是对事实的报道必须准确无误，其中主要包括（　　）。

A. 构成新闻的要素“五个 W” 要准确无误

B. 事实的细节描述要有根有据，符合实际

C. 新闻中使用的背景材料要真实可靠

D. 新闻中所概括的事实要符合客观实际

13. 以下属于舆论监督范围的有（　　）。

A. 赈灾款的使用情况

B. 政府官员的所有活动

C. 经济适用房的分配情况

D. 交通违章

E. 明星的私生活

14. 国家广电总局认可的网络影视作品形态有（　　）。

A. 网络影视剧　　B. 网络电影

C. 网络动画片　　D. 网络微短剧

15. 推进国际传播能力建设，讲好中国故事、传播好中国声音，向世界展现（　　）的中国，提高国家文化软实力和中华文化影响力。

A. 客观　　B. 真实

C. 立体　　D. 全面

三、简答题（本大题共 4 小题，每小题 5 分，共 20 分）

16. 简述“新闻是新近发生的事实的报道”的内涵。

17. 在新的时代条件下，党的新闻舆论工作的职责和使命是什么？

18. 简述我国对外宣传工作的基本原则。

19. 与影像等相比，文字在电视媒体上传达信息有哪些优势？

四、辨析题（本大题共 3 小题，每小题 12 分，共 36 分）

20. 马克思主义新闻观的内涵是不变的。

21. 新闻价值只具有客观性，不具有主观性。

22. 对于广播电视娱乐节目来说，好听好看是硬道理，其他都是浮云。

五、论述题（本题 24 分）

23. 结合实际，论述如何落实好“讲好中国故事、传播好中国声音”的宣传目标。

模拟试卷（一）参考答案

一、单项选择题（本大题共 10 小题，每小题 1 分，共 10 分）

1. A　2. A　3. B　4. A　5. D　6. A　7. C　8. A　9. D　10. A

二、多项选择题（本大题共 5 小题，每小题 2 分，共 10 分）

11. AB　12. ABCD　13. ACD　14. ABCD　15. BCD

三、简答题（本大题共 4 小题，每小题 5 分，共 20 分）

16. 答题要点：

新闻是新近发生的事实的报道。这个定义是我国现在普遍沿用的陆定一同志在《我们对于新闻学的基本观点》一文中提出的概念。这一定义明确而简洁地说明和规定了新闻的根本特性——对事实的报道，并且是对真实、新鲜事实的报道，突出了新闻“真”与“新”的个性特征，具有理论和实践的双重意义。

新闻定义的内涵：新闻是对新近发生的事实的报道，明确简洁地概括了新闻的特点。

第一，陈述事实。事实是新闻的本源，新闻的内容和形式都离不开事实。从内容上说，新闻必须是以事实为根据的真实信息；从形式来说，新闻必须用事实说话。

第二，具有新意。新闻必须具有新意。构成新闻的事实，要能满足人们未知、欲知、应知的需要。

第三，新闻并非事实本身，而是对事实的报道，是新闻报道者对客观事实的一种反映。

第四，新闻必须是公开传播的事实，只有采用新闻手段，通过新闻渠道传播的事实，才能成为新闻。如果报道在小范围或内部传播，就不能构成新闻。

第五，报道及时。新闻必须注重时效，失去时效，新闻就会成为旧闻。

17. 答题要点：

高举旗帜、引领导向，围绕中心、服务大局，团结人民、鼓舞士气，成风化人、凝心聚力，澄清谬误、明辨是非，联接中外、沟通世界。

要承担起这个职责和使命，必须把政治方向摆在第一位，牢牢坚持党性原则，牢牢坚持马克思主义新闻观，牢牢坚持正确舆论导向，牢牢坚持正面宣传为主。

18. 答题要点：

（1）要旗帜鲜明地维护国家利益、民族尊严和祖国统一。

（2）在涉及国家主权和国家利益、民族尊严的问题上，要坚持原则。

（3）要树立坚定的国家意识和大局意识，服从和服务于党和国家的工作大局，服从和服务于我国整体对外战略。

（4）坚持以正面宣传为主、以事实为主、以我为主的方针。

（5）考虑宣传重点内容和工作部署，一定要着眼于增进外国人对中国的理解和支持。

19. 答题要点：

与影像等相比，文字在电视媒体上传达信息具有抽象概括的能力，具有间接、明确、灵活的优势，因而在电视传播中常用于辅助其他形式的图像和声音传达准确的限定性信息，弥补影像多义性和声音易产生歧义等局限，发挥补充、说明、介绍、引导、强调、扩大信息量和美化画面构图等各种作用。文字还能在电视中单独传达信息，如在不中断节目播出的情况下以字幕的形式插播最新消息和节目预告等。

另外，采用“声画合一”的手法，有声语言和文字同步播出，既利于受众接收，也有利于加深记忆，加之与有声语言相比，文字不易产生同音歧义的优点，因而对于重要会议公报、政令、名单等密集抽象性信息内容的传播，可以帮助观众更好地接收。

此外，文字还不会对声音产生干扰。在不宜出现解说语言的特定条件下，通过文字传达必要信息，就是一种可行的方式。

四、辨析题（本大题共 3 小题，每小题 12 分，共 36 分）

20. 答题要点：

这一观点是错误的。

随着时代的发展和实践的深入，马克思主义新闻观也在不断地丰富、更新和发展。马克思和恩格斯作为创立者和奠基者提出并深刻阐述了一系列基本理论和基本观点，100 多年来，其间经历了以列宁为代表的俄国布尔什维克党人和以毛泽东为代表的中国共产党人不断继承、创新和发展的长期过程，逐步形成了科学、系统的理论体系。以中国特色社会主义理论体系为代表，以党性原则为核心的当代马克思主义新闻观，其根本点是必须坚持正确舆论导向，内涵博大精深，十分丰富。

21. 答题要点：

这一观点是错误的。

新闻价值的客观性指事实本身所具有的足以构成新闻的各种特殊素质是客观的，不以传播者的主观需要而增减。一是事实本身确实包含有这些素质，二是它能否成为新闻是由受众而不是由传播者的主观意志所决定的。但是，衡量客观存在的新闻价值，却是取决于新闻工作者的主观是否能够正确地反映客观。因此这种观点是片面的。

22. 答题要点：

这一观点是错误的。

作为艺术作品的具体表现形式之一，广播电视娱乐节目应把思想性、艺术性、观赏性统一起来，这是对艺术作品的基本要求。"三性"统一，第一位的是思想性，思想性是艺术性、观赏性的灵魂，文艺作品的艺术性和观赏性是为思想性服务的。艺术性、观赏性同样重要，如果没有艺术性和观赏性，作品的思想性就难以发挥作用，思想性就难以体现，也难以产生影响。只讲思想性，不讲艺术性、观赏性，作品会让人看不下去；只强调艺术性，不讲究观赏性，作品会让人看不明白。思想性、艺术性、观赏性是相统一的，密不可分的。只有思想性、艺术性、观赏性相统一，文艺作品才有生命力、吸引力、感染力和影响力。

五、论述题（本题 24 分）

23. 答题要点：

在实际工作中，应做到引导人们更加全面客观地认识当代中国、看待外部世界。在全面对外开放的条件下做宣传思想工作，一项重要任务是引导人们更加全面客观地认识当代中国、看待外部世界。

宣传阐释中国特色，要讲清楚每个国家和民族的历史传统、文化积淀、基本国情不同，其发展道路必然有着自己的特色；讲清楚中华文化积淀着中华民族最深沉的精神追求，是中华民族生生不息、发展壮大的丰厚滋养；讲清楚中华优秀传统文化是中华民族的突出优势，是我们最深厚的文化软实力；讲清楚中国特色社会主义植根于中华文化沃土、反映中国人民意愿、适应中国和时代发展进步要求，有着深厚历史渊源和广泛现实基础。

中华民族创造了源远流长的中华文化，中华民族也一定能够创造出中华文化新的辉煌。独特的文化传统，独特的历史命运，独特的基本国情，注定了我们必然要走适合自己特点的发展道路。对我国传统文化，对国外的东西，要坚持古为今用、洋为中用，去粗取精、去伪存真，经过科学的扬弃后使之为我所用。

加强宣传报道世界形势变化。对世界形势发展变化，对世界上出现的新事物新情况，对各国出现的新思想新观点新知识，我们要加强宣传报道，以利于积极借鉴人类文明创造的有益成果。要精心做好对外宣传工作，创新对外宣传方式，着力打造融通中外的新概念新范畴新表述，讲好中国故事，传播好中国声音。结合当前主流媒体作品或自身实践说明。

《广播电视基础知识》模拟试卷（二）

1. 笔试题满分为 100 分。
2. 笔试考试时间为 90 分钟。
3. 考试方式为闭卷考试。
4. 试题类型包括选择题、简答题、辨析题、论述题。

一、单项选择题（本大题共 10 小题，每小题 1 分，共 10 分）

1. “新闻、旧闻、不闻”的观点，属于（　　）的新闻思想。

A. 毛泽东　　B. 陆定一

C. 列宁　　D. 邓小平

2. 马克思主义认为，新闻的本源是（　　）。

A. 政治　　B. 趣味

C. 事实　　D. 意识

3. 在我国，新闻真实性的完整含义，应该理解为（　　）。

A. 事实为政治服务　　B. 本质真实

C. 现象真实　　D. 现象真实与本质真实的统一

4. 舆论监督是社会的“排气阀”。这指的是舆论监督的(　　)功能。

A. 监测环境　　B. 社会调节

C. 社会控制　　D. 社会制衡

5. 坚持“三贴近”原则，不包括（　　）。

A. 贴近实际　　B. 贴近生活

C. 贴近群众　　D. 贴近思想

6. 艺术作品的基本要求有“三性”，其中不包括（　　）。

A. 思想性　　B. 艺术性

C. 观赏性　　D. 宣传性

7.（　　）频道是由中国广电集团主办的高清电视直播频道，其频道定位为公益性频道，免费向观众提供经典内容，是国家级视听经典播出平台。

A. 重温经典　　B. 电影

C. 文艺　　D. 国际

8. 建立健全社会效益和经济效益相统一的评价考核机制，研究制定文化企业国有资产监督管理办法，充分考虑不同类型国有文化企业的功能作用，明确社会效益指标考核权重应占（　　）以上。

A. 30%　　B. 40%

C. 50%　　D. 60%

9. 网络电视又称（　　），它将电视机、个人电脑及手持设备作为显示终端，通过机顶盒或计算机接入宽带网络，给人们带来全新的电视观看方法。

A. CATV　　B. HDTV

C. IPTV　　D. DTV

10. 摄像机镜头以固定支点为圆心做旋转运动进行拍摄的是（　　）。

A. 推镜头　　B. 拉镜头

C. 摇镜头　　D. 移动镜头

二、多项选择题（本大题共 5 小题，每小题 2 分，共 10 分）

11. 以下观点表述正确的是（　　）。

A. 马克思把舆论看作一种普遍的、隐蔽的和强制的力量

B. 舆论反映人心向背，虽然它对任何人都不发生强制作用

C. 新闻媒介是舆论的载体，也是舆论的扩大器

D. 能否把握正确的舆论导向是检验新闻工作党性的重要标尺

12. 坚持党性，核心就是（　　）。

A. 坚持正确政治方向，站稳政治立场

B. 坚定宣传党的理论和路线方针政策

C. 坚定宣传中央重大工作部署，坚定宣传中央关于形势的重大分析判断

D. 坚决同党中央保持高度一致，坚决维护中央权威

13. 下列选项中（　　）不是新闻事实的组成部分。

A. 新闻标题　　B. 署名

C. 社论　　D. 编者按

14. 记者责任意识的培养主要从（　　）着手。

A. 培养新闻从业者的独立判断意识

B. 加强自身内在修养

C. 从记者个人利益出发

D. 培养新闻工作者的中立和平衡报道立场

15. 加强我国国际传播能力建设的重要任务是（　　）。

A. 讲好中国故事

B. 传播好中国声音

C. 展示真实、立体、全面的中国

D. 扩大国家影响力

三、简答题（本大题共 4 小题，每小题 5 分，共 20 分）

16. 简述正面宣传与新闻批评的关系。

17. 简述党性和人民性的统一关系。

18. 习近平对宣传文化思想提出的要求有哪些？

19. 简述广播的传播特点。

四、辨析题（本大题共 3 小题，每小题 12 分，共 36 分）

20. 新闻宣传工作首先要坚持为人民服务的宗旨。

21. 新闻工作的法律规范同新闻职业道德规范一样，都要靠新闻工作者的自觉来实现。

22. 新闻宣传要以政府作为主角。

五、论述题（本题 24 分）

23. 结合实际，论述社会主义新闻舆论监督的意义。

模拟试卷（二）参考答案

一、单项选择题（本大题共 10 小题，每小题 1 分，共 10 分）

1. A　2. C　3. D　4. B　5. D　6. D　7. A　8. C　9. C　10. C

二、多项选择题（本大题共 5 小题，每小题 2 分，共 10 分）

11. ABCD　12. ABCD　13. CD　14. ABD　15. ABC

三、简答题（本大题共 4 小题，每小题 5 分，共 20 分）

16. 答题要点：

正面宣传与新闻批评都是新闻事业运用新闻手段来反映社会生活的一种手段。

正面宣传指对社会主流与光明面所进行的肯定性和赞扬性的报道与评价；新闻批评指运用新闻手段对社会不正之风和消极腐败现象及落后反动势力所做的揭露和批评。

我国社会主义新闻事业要坚持以正面宣传为主，不要大量集中展示消极面。社会生活中需要进行揭露和批评的事情，不能都搬到媒体上来，批评性报道的内容要有所选择，不能搞“有闻必录”。一个时期内，批评性报道不能过于集中，以免引起副作用。

17. 答题要点：

党性和人民性从来都是一致的、统一的。我们党是全心全意为人民服务、代表中国最广大人民根本利益、来自人民为了人民的马克思主义政党。从本质上说，坚持党性就是坚持人民性，坚持人民性就是坚持党性。

党的利益与人民利益相统一。全心全意为人民服务是党的根本宗旨，以人民为中心是党的一切工作的出发点。党代表最广大人民群众的根本利益，党没有自己的特殊利益。人民的利益就是党的利益，人民的追求就是党的追求。

党的执政地位与人民的主体地位相统一。我国是人民当家作主的社会主义国家，人民是国家的主人。党作为执政党，代表人民治国理政。党的执政地位来自人民的授权和拥护，人民是党执政的最深厚基础。

党在新时代的历史使命与人民的愿望要求相统一。党在新时代的历史使命，正是广大人民的迫切愿望。人民要求国家富强、生活富裕，劳动更有尊严，生活更加体面，在改革发展中有更多的获得感。

18. 答题要点：

着力加强党对宣传思想文化工作的领导，着力建设具有强大凝聚力和引领力的社会主义意识形态，着力培育和践行社会主义核心价值观，着力提升新闻舆论传播力引导力影响力公信力，着力赓续中华文脉、推动中华优秀传统文化创造性转化和创新性发展，着力推动文化事业和文化产业繁荣发展，着力加强国际传播能力建设、促进文明交流互鉴，充分激发全民族文化创新创造活力，不断巩固全党全国各族人民团结奋斗的共同思想基础，不断提升国家文化软实力和中华文化影响力，为全面建设社会主义现代化国家、全面推进中华民族伟大复兴提供坚强思想保证、强大精神力量、有利文化条件。

19. 答题要点：

传播迅速，信息量大。广播的采录设备小巧灵活、机动性强，制作简单，便于记者迅速采制报道，能够在第一时间发布信息，甚至做到在事件发生发展过程中进行同步报道。

听众广泛，覆盖面广。听众收听广播受到的限制相对较小，不需要受众具有很高的文化程度，听众范围较广泛。广播媒介的覆盖相对于电视媒介也更容易；广播可以伴随接收——边做事情边收听或在移动状态下收听。因而常被称为伴随型媒介，扩大了接受的可能。这一特色使广播在未来的媒介格局中拥有了更大的主动权。

声情并茂，参与性强。通过声音传递信息，使广播相对来说具有更强的传真、传情的能力，更具亲和力和参与感。另外从技术上说，受众直接参与广播节目的方便性、隐匿性特点，也使得广播的参与性强于其他媒介。

转瞬即逝，不易保存。广播是以声音为唯一传播符号的媒介，听众在收听的过程中，信息转瞬即逝，使受众对传播内容不易留下深刻印象，特别是对一些复杂抽象的内容，很难在稍纵即逝的条件下获得透彻理解。相对来说，报纸、杂志则可以通过反复阅读、思考，来理解难懂的问题或语词。另外，广播节目如要保存必须事先准备好录音设备，不便于受众随时随地保存信息。

线性传播的选择性差。报纸以“面”的、实体的形式呈现在读者面前，读者读报可以按自己的需要和兴趣选择内容，拥有较强的自主权和选择权。而广播则需按时间顺序安排内容，以接连不断的“线”性形式一一呈现出来，受众只能依顺序接收，很难自主选择自己喜爱的节目和内容，也就难以主动把握重点。在特定时间里，受众只能有效地接收一套节目，不能提前、不能推后，更不能错过接收时间。受众的选择权是不完全的。

四、辨析题（本大题共 3 小题，每小题 12 分，共 36 分）

20. 答题要点：

这一观点是正确的。

党领导的社会主义事业，是人民的事业，也是人民的根本利益所在。新闻舆论工具要满腔热情地鼓励和支持人民的首创精神，充分调动人民群众的积极性、主动性、创造性，发掘和传播人民群众的智慧和创造精神，促进社会的发展和进步。新闻宣传要把人民群众作为主角，充分发挥舆论引导作用，有效地为人民群众行使参政议政的民主权利创造条件。

21. 答题要点：

这一观点是错误的。

法律是一种特殊的社会规范，它对新闻工作者职业行为的调整与控制，完全有别于新闻职业道德规范。它以服从为前提，以制裁为后盾，通过强制力来保证实施。

22. 答题要点：

这一观点是错误的。

新闻宣传要把人民群众作为主角。

为人民服务、为社会主义服务、为全党全国工作大局服务，是社会主义新闻事业的基本方针。党的新闻工作必须以最广大人民的根本利益为最高利益，把对党负责和对人民负责有机统一起来，坚持群众观点，走群众路线，大力讴歌人民群众的生动实践和英雄业绩，反映人民的意愿，满足人民群众的精神文化需求。

新闻宣传工作首先要坚持为人民服务的宗旨。党领导的社会主义事业，是人民的事业，也是人民的根本利益所在。新闻舆论工具要满腔热情地鼓励和支持人民的首创精神，充分调动人民群众的积极性、主动性、创造性，发掘和传播人民群众的智慧和创造精神，促进社会的发展和进步。

新闻宣传要把人民群众作为主角，充分发挥舆论引导作用，有效地为人民群众行使参政议政的民主权利创造条件。

五、论述题（本题 24 分）

23. 答题要点：

（1）新闻舆论监督是新闻传媒运用新闻舆论手段对社会所实行的监督。在我国社会主义初级阶段，新闻舆论监督是中国特色社会主义监督体系的有机组成部分，是人民群众利用新闻媒体对社会公共事务行使民主权利而进行的监督活动。

（2）社会主义新闻舆论监督是社会主义民主建设的推动力。新闻舆论监督提高和深化了广大人民群众的公民意识，是树立民主与法制意识的有效手段。

（3）社会主义新闻舆论监督是人民群众参政议政的重要方式。通过新闻传播媒介实行的舆论监督，是一种公众广泛参与、公开表达意见的社会监督，对于发扬人民当家作主的精神，保护公众参政议政的热情，具有重要作用。

（4）社会主义新闻舆论监督是社会主义民主建设的重要内容。在新的历史时期，进一步维护和保障社会公众的知情权、言论自由权、舆论行为权，是社会主义民主与法制建设的一项重要内容。

（5）社会主义新闻舆论监督是决策民主化、科学化的有效途径。社会公众可以在重大决策制定前后或实施过程中，对决策进行广泛的评议和论证，为政府部门提供可靠的民意和社情参照，从而为各项政策的制定与完善贡献力量。

（6）社会主义新闻舆论监督是揭露腐败、反对官僚主义的有力武器。新闻舆论监督在惩治腐败、倡导廉政、强化执法力度、保持政令畅通、加强行政管理、提高工作效率、反对官僚主义、监督干部尽职守责方面作用重大。

《广播电视基础知识》模拟试卷（三）

1. 笔试题满分为 100 分。
2. 笔试考试时间为 90 分钟。
3. 考试方式为闭卷考试。
4. 试题类型包括选择题、简答题、辨析题、论述题。

一、单项选择题（本大题共 10 小题，每小题 1 分，共 10 分）

1. 新闻媒介在反映舆论、引导舆论方面具有权威性，新闻工作者作为舆论的代表具有很高的权威性，被称为（　　）。

A. “瞭望者”　　B. “无冕之王”

C. “社会公正的法官”　　D. “狗仔队”

2. 2016 年 2 月 19 日，中共中央总书记、国家主席、中央军委主席习近平在北京主持召开党的新闻舆论工作座谈会并发表重要讲话。他指出党的新闻舆论工作坚持党性原则，最根本的是坚持（　　）。

A. 党对新闻舆论工作的领导

B. 为人民群众服务

C. “三贴近”原则

D. 正面宣传为主

3.《中国共产党宣传工作条例》中对加强基层宣传工作的阵地建设提出应当加强新时代文明实践中心、（　　）建设。

A. 主流媒体　　B. 县级融媒体中心

C. 新媒体　　D. 综合文化中心

4. 我国新闻工作的根本宗旨是（　　）。

A. 坚持党性原则

B. 坚持实事求是

C. 实现最大的社会效益

D. 全心全意为人民服务

5. 以下选项中（　　）不属于新闻从业者。

A. 期刊发行总监

B. 电视节目制片人

C. 会展业设计师

D. 高校新闻专业教师

6. “报喜不报忧”，实质上是一种（　　）。

A. 正面宣传　　B. 鼓动性宣传

C. 片面性宣传　　D. 指导性宣传

7. 以下说法错误的是（　　）。

A. 广播电视播音员主持人要积极推广、普及普通话，规范使用通用语言文字，维护祖国语言和文字的纯洁，发挥示范作用

B. 广播电视播音员主持人主持地方台节目，要尽量使用当地方言

C. 广播电视播音员主持人用词造句要遵守现代汉语的语法规则，语序合理，修辞恰当，层次清楚。避免滥用方言词语、文言词语、简称略语或生造词语

D. 广播电视播音员主持人表达要通俗易懂、准确生动、富有内涵、朴素大方。避免艰涩、易生歧义的语言和煽情、夸张的表达

8. 坚持“三贴近”原则，不包括（　　）。

A. 贴近实际　　B. 贴近生活

C. 贴近群众　　D. 贴近思想

9. 电视新闻的三大元素不包括（　　）。

A. 画面　　B. 同期声

C. 文字解说　　D. 音乐

10. 互联网术语 UGC 指的是（　　）。

A. 用户生产内容

B. 网络主播

C. 专业生产内容

D. 社交网站

二、多项选择题（本大题共 5 小题，每小题 2 分，共 10 分）

11. 在社会主义发展的新时期，马克思主义新闻观应主要从（　　）方面进行创新。

A. 坚持“解放思想”的方针

B. 坚持“实事求是”的思想

C. 实践“群众办报”的路线

D. 秉承“按新闻传播规律办事”的原则

12. 关于新闻价值这一理念，以下说法中正确的有（　　）。

A. 新闻事实的选取应当以新闻从业者的主观好恶为基础

B. 媒体对新闻价值标准的运用，应恪守在履行社会责任的基础上

C. 许多新闻事实被报道，并非只具备了一种新闻价值的要素，而是往往具备了多个要素

D. 新闻价值的判断是一个综合判断的过程

13. 下列选项中（　　）属于我国新闻职业道德的基本原则。

A. 坚持党性原则，以马克思主义新闻观为指导

B. 坚持全心全意为人民服务的原则，服务经济社会发展

C. 严守新闻报道的真实性原则，按照事物的本来面目反映事物

D. 发扬优良的工作作风，密切联系群众

14. 下列关于中华文明表述正确的有（　　）。

A. 是中华民族独特的精神标识

B. 是当代中国文化的根基

C. 是维系全世界华人的精神纽带

D. 是中国文化创新的宝藏

15. 全媒体传播体系建设的要求（　　）。

A. 以内容建设为根本　　B. 先进技术为支撑

C. 科学管理为手段　　D. 创新管理为保障

三、简答题（本大题共 4 小题，每小题 5 分，共 20 分）

16. 牢固树立马克思主义新闻观，必须重点把握哪些问题？

17. 简述新闻工作者职业道德建设的意义。

18. 如何把握新闻工作的时度效？

19. 简述电视新闻中画面、音响与文字的关系。

四、辨析题（本大题共 3 小题，每小题 12 分，共 36 分）

20. 正面宣传为主，就是尽量不做批评报道。

21. 新闻价值仅是指新闻事实的信息价值。

22. 根据规定，广播电视播音员主持人可以从事广告代言等活动。

五、论述题（本题 24 分）

23. 结合实际，论述新闻工作的“三贴近”原则的内涵和意义。

模拟试卷（三）参考答案

一、单项选择题（本大题共 10 小题，每小题 1 分，共 10 分）

1. C　2. A　3. B　4. D　5. C　6. C　7. B　8. D
9. D　10. A

二、多项选择题（本大题共 5 小题，每小题 2 分，共 10 分）

11. BCD　12. BCD　13. ABCD　14. ABCD　15. ABD

三、简答题（本大题共 4 小题，每小题 5 分，共 20 分）

16. 答题要点：

（1）要坚持新闻宣传工作的党性原则，这是马克思主义新闻观的根本原则。

（2）要坚持把正确舆论导向放在首位，这是新闻宣传最重要的责任。

（3）要坚持为人民服务、为社会主义服务、为全党全国工作大局服务的方针，这是社会主义新闻事业的基本方针。

（4）要坚持新闻的真实性原则，这是新闻工作必须遵循的基本原则，是党的实事求是的思想路线在新闻工作中的具体体现。

（5）要坚持政治家办报办台，这是实现党对新闻工作领导的重要保证。

17. 答题要点：

（1）继承和发扬党的新闻工作优良传统，树立新闻工作者良好的职业道德，维护新闻工作的严肃性和声誉。

（2）充分发挥新闻工作的正确舆论导向作用，保持媒体的公信力。

（3）促进新闻队伍建设，保证新闻事业健康发展。

18. 答题要点：

时：掌握时机节奏。时，就是时机、节奏。精准把握时机、节奏，对做好新闻工作至关重要。准确把握新闻报道的最佳时机，在合适时间编发合适的报道，才能充分利用新闻资源，有效回应公众关切，实现报道价值的最大化。

度：把握力度分寸。度，就是力度、分寸。新闻报道该造势的要造势，但不能在个别用词上大造其势；该突出的要突出，但不能渲染过头，都搞成排浪式宣传；该有力度的要有力度，但不能大轰大嗡，不能为取悦受众而“失向”、因盲目介入而“失准”、为吸引眼球而“失真”、为过分渲染而“失范”、为刻意迎合而“失态”。

效：讲求效果实效。效，就是效果、实效。新闻舆论工作最终要看效果，这个效果就是群众口碑好、社会共识强。要抓住涉及治国理政的战略问题、广大群众关注的现实问题、国内外发声的热点问题，找准思想认识的共同点、情感交流的共鸣点、利益关系的交汇点、化解矛盾的切入点，不断提高工作实效。做好新闻舆论工作，要讲求艺术、改进方法，注重联系实际阐释理论、围绕关切解读政策、针对问题解疑释惑，增强说服力、感染力。

19. 答题要点：

负载电视新闻的三大元素——画面、同期声、文字解说，相对于电视新闻的整体而言，都是不完整的，都只是其中的一个组成部分。电视新闻的画面、同期声和文字稿要紧密配合画面，结合画面进行组织和写作。应根据新闻主题的需要，去挖掘画面内在的含义，交代画面无法交代而又必须传达的信息，使同期声、解说词与画面形成一体。

四、辨析题（本大题共3小题，每小题12分，共36分）

20. 答题要点：

这一观点是错误的。

正面宣传为主，就是要着力宣传能鼓舞和推动人们奋发向前的各种光辉业绩，用伟大的成就和业绩去鼓舞和启迪人们，使人们更加深刻地认识到共产党领导的必要性和社会主义制度的优越性，进一步为国家的富强、人民的幸福和社会的进步努力奋斗。坚持正面宣传为主，还要注意处理好与批评报道的关系，新闻报道要勇于开展严肃认真的批评，批评、揭露消极的、落后的、丑恶的东西，改进工作，解决问题。

21. 答题要点：

这一观点是错误的。

受众在选择和判断事实时所反映出来的需求欲望、价值观念、社会心理等，总是受到一定社会的经济、政治和文化的制约。因此，具体判断新闻价值，不仅包括信息价值，而且包括宣传舆论价值、文化教育价值，它是一个综合判断的过程。

22. 答题要点：

这一说法是错误的。

根据《中国广播电视播音员主持人职业道德准则》第三十一

条规定：不从事广告和其他经营活动。不将自己的名字、声音、形象用于任何带有商业目的的文章、图片及音像制品中。

五、论述题（本题 24 分）

23. 答题要点：

2003 年，中共中央政治局常委李长春在中央宣传思想文化部门负责人会议上强调，要从贴近实际、贴近生活、贴近群众入手，加强和改进宣传思想工作。

贴近实际，就是新闻工作要立足于社会主义初级阶段这个最大的实际，真实反映改革开放和现代化建设的实践，从实际出发部署工作，按实际需要推进工作，以实际效果检验工作，使宣传思想工作更加具体实在，扎实深入。贴近生活，就是新闻工作者要深入到火热的现实生活和人民群众的日常生活中，反映客观现实，把握社会主流，从生活中挖掘生动事例、汲取新鲜营养、展示美好前景，激励人民群众同心协力，奋发图强，为创造更加美好的新生活而共同奋斗，使宣传思想工作更加入情入理，充满生活色彩、富有生活气息。贴近群众，就是要深深扎根于群众之中，想群众之所想，急群众之所急，办群众之所盼，以群众满意不满意、高兴不高兴、赞成不赞成、答应不答应作为根本出发点和落脚点，更好地代表最广大人民群众的根本利益，使宣传思想工作更加亲切可信，深入人心。

在实际工作中，我们应该用“三贴近”原则加强和改进新闻宣传工作，提高引导水平。具体来说，第一，注意在内容上创新，改进宣传报道：一要对长期以来积淀而成的落伍的新闻观念、新闻报道方式和新闻活动模式，进行突破与改革；二要以是否贴近实际、贴近生活、贴近群众，作为衡量我们舆论引领水平的根本标准；三要调动包括内容、表述、标题、评论、按语、图表、摄影、漫画等“新闻全要素”，以生动活泼的方式报道新闻；四要以新科技革命的手段，提升新闻宣传的力度、强度和高度，促进新闻队伍整体素质的提高。第二，注意在方法上创新，按新闻规律办事，运用各种生动活泼的新闻手段，在强化与群众利益的相关性和提高受众的兴趣性等方面下功夫，把党的意志转变为群众的语言、新闻的语言，使之入耳入脑。第三，注意在体制上创新，积极探索建立新形势下保证正确导向、富有经营活力的微观运行机制，完善新闻宣传宏观管理体制，健全突发事件新闻报道工作的快速反应和应急协调机制。

《广播电视基础知识》模拟试卷（四）

1. 笔试题满分为 100 分。
2. 笔试考试时间为 90 分钟。
3. 考试方式为闭卷考试。
4. 试题类型包括选择题、简答题、辨析题、论述题。

一、单项选择题（本大题共 10 小题，每小题 1 分，共 10 分）

1. 我国社会主义新闻工作的根本出发点是（　　）。

A. 实事求是

B. 用正确的舆论引导人

C. 为人民群众服务

D. 讲究传播艺术

2. 新闻价值要素中的“受众对新闻感兴趣的程度”指的是（　　）。

A. 趣味性　　B. 接近性

C. 重要性　　D. 显著性

3. 新闻传播自由不包括（　　）。

A. 创办媒体的自由　　B. 采写新闻的自由

C. 播报新闻的自由　　D. 揭露隐私的自由

4. 在新闻舆论监督中，最重要的监督对象是（　　）。

A. 权力组织　　B. 一般干部

C. 公民团体　　D. 各种社会成员

5. 从传输方式上看，以互联网为平台播出的广播属于（　　）。

A. 调幅广播　　B. 调频广播

C. 模拟广播　　D. 数字音频广播

6. 我国第一部新闻采访学专著《实际应用新闻学》的作者是（　　）。

A. 徐宝璜　　B. 邵飘萍

C. 黄远生　　D. 邹韬奋

7. 新闻事业在本质上属于（　　）。

A. 生产力　　B. 经济基础

C. 政权机关　　D. 意识形态

8. 中华文明具有突出的连续性、创新性、统一性、包容性、（　　）等特性。

A. 和平性　　B. 复杂性

C. 科学性　　D. 合理性

9. 广播的声音不包括（　　）。

A. 语言　　B. 音响

C. 现场实况　　D. 音乐

10. 社会主义文艺本质上是（　　）的文艺，人民的需要是文艺存在的根本价值。

A. 大众　　B. 人民

C. 群众　　D. 社会

二、多项选择题（本大题共 5 小题，每小题 2 分，共 10 分）

11. 对媒体和新闻工作者来说，提高舆论引导能力的方式有（　　）。

A. 深入研究不同传播对象的接受习惯和信息需求

B. 主动设置议题，善于因势利导

C. 认真研究传播艺术，利用现代传播手段

D. 善于利用新载体、新技术

12. 让中国精神成为社会主义文艺的灵魂，体现在以下方面（　　）。

A. 聚焦中国梦的时代主题

B. 培育和弘扬社会主义核心价值观

C. 唱响爱国主义主旋律

D. 传承和弘扬中华优秀传统文化

13. 在新闻工作中实现群众路线的方法有（　　）。

A. 为人民群众服务

B. 拓展群众参与渠道并开发群众资源

C. 怀有群众意识，尊重并了解群众

D. 让群众成为新闻的主角，使用群众喜爱的新闻语言

14. 新闻工作者在坚持新闻的真实性方面，应该做到（　　）。

A. 以辩证唯物主义反映论指导新闻工作

B. 新闻报道必须以事实为依据

C. 以主观好恶判断信息的真实性

D. 发扬深入实际、调查研究、求真务实、实事求是的作风

15. 以下关于新闻工作者的说法，正确的是（　　）。

A. 新闻工作者是指从事信息处理的人

B. 新闻工作者拥有进行信息传播的资源和权利

C. 新闻工作者必须承担相应的社会责任，遵守一定的职业道德和规范

D. 新闻工作者有责任确保新闻业的健康运行和社会舆论的公正公平

三、简答题（本大题共 4 小题，每小题 5 分，共 20 分）

16. 简述新闻工作者职业道德的本质特征。

17. 简述开展新闻舆论监督的原则。

18. 贯彻党中央关于网络强国的重要思想，切实肩负起举旗帜聚民心、防风险保安全、强治理惠民生、增动能促发展、谋合作图共赢的使命任务，需要做好哪些工作？

19. 新闻舆论工作的“五个事关”有哪些？

四、辨析题（本大题共 3 小题，每小题 12 分，共 36 分）

20. 马克思主义新闻观的核心和精髓是党性原则。

21. 社会主义文艺中的主旋律和多样化是辩证的、有机的统一。

22. 根据规定，新闻从业人员可以随便开博客。

五、论述题（本题 24 分）

23. 论述社会主义新闻工作者的合格标准。

模拟试卷（四）参考答案

一、单项选择题（本大题共10小题，每小题1分，共10分）

1. A　2. A　3. D　4. A　5. D　6. B　7. D　8. A　9. C　10. B

二、多项选择题（本大题共5小题，每小题2分，共10分）

11. ABCD　12. ABCD　13. ABCD　14. ABD　15. BCD

三、简答题（本大题共4小题，每小题5分，共20分）

16. 答题要点：

新闻工作者职业道德主要是针对新闻工作者职业行为的道德原则和规范。新闻工作者职业道德是约束新闻从业者的职业行为、调节新闻传播活动中各方社会关系的一种最基本、最有效的规范形式。随着近代新闻事业的产生以及新闻传播活动成为一种稳定的社会职业，作为规范从业人员的职业行为以及调整它所涉及的各种社会关系的新闻职业道德才逐渐系统、完善起来。

第一，新闻工作者职业道德同普遍的道德现象一样，是一种由经济基础决定的上层建筑，由社会存在决定的社会意识形态，因而它的内容和形式，最终都取决于社会存在，取决于社会的物质生产方式。

第二，新闻工作者职业道德较之其他职业道德，具有更为鲜明的阶级性和更为强烈的政治色彩。新闻事业在传播和发布新闻信息时所显示的社会教化功能和舆论导向功能，决定了它在社会生活中所处的特殊地位。

第三，新闻工作者职业道德是对新闻传播活动的一种特殊的调节规范体系。它反映了人们对新闻事业的健康发展及其对社会产生积极影响的殷切期望。

17. 答题要点：

新闻舆论监督是新闻传媒运用新闻舆论手段对社会所实行的监督，本质上是人民群众利用新闻媒体对社会公共事务行使民主权利而进行的监督活动。

开展新闻舆论监督要重视建设性监督。新闻舆论监督效果要有利于改进工作和解决问题，有利于稳定大局和振奋民心，有利于中央的统一工作部署和维护中央的威信。

开展舆论监督要注意事实准确、分析客观。首先，必须坚持实事求是的精神，确保事实准确，细节经得起核对和推敲。要深入调查，多方听取意见，得出合乎事实的结论。其次，必须坚持马克思主义立场、观点、方法，分清是个别真实还是总体真实，避免主观片面、以偏概全。要在准确报道具体事实的基础上，力求从宏观上把握和反映事件或事物的全貌。

开展新闻舆论监督要注意监督的科学性。在新闻舆论监督过程中把握好“适时、适量、适宜”的度，注意平衡，掌握尺寸。

开展新闻舆论监督要遵纪守法。新闻舆论监督的运作必须严格限定在法律、制度、政策以及社会道德规范允许的范围内。

18. 答题要点：

坚持党管互联网，坚持网信为民，坚持走中国特色治网之道，坚持统筹发展和安全，坚持正能量是总要求、管得住是硬道理、用得好是真本事，坚持筑牢国家网络安全屏障，坚持发挥信息化驱动引领作用，坚持依法管网、依法办网、依法上网，坚持推动构建网络空间命运共同体，坚持建设忠诚干净担当的网信工作队伍，大力推动网信事业高质量发展，以网络强国建设新成效为全面建设社会主义现代化国家、全面推进中华民族伟大复兴作出新贡献。

19. 答题要点：

做好党的新闻舆论工作，事关旗帜和道路，事关贯彻落实党的理论和路线方针政策，事关顺利推进党和国家各项事业，事关全党全国各族人民凝聚力和向心力，事关党和国家前途命运。

四、辨析题（本大题共 3 小题，每小题 12 分，共 36 分）

20. 答题要点：

这一观点是正确的。

新闻宣传工作的党性原则是一定政党的政治主张、思想意识和组织原则在新闻活动中的体现。我们党在思想上，要以马克思主义作为新闻工作的指针，宣传党的理论基础和思想体系；在政治上，要宣传党的纲领路线、方针政策，使之成为亿万群众的自觉行动；在组织上，要接受党的领导，遵守党的组织原则和新闻宣传工作的纪律。

21. 答题要点：

这一观点是正确的。

主旋律是时代精神、社会正气和民族品格的集中体现。主旋律必须通过多样化的题材、形式、手法、风格去表现，它本身是丰富多彩、不断创新的。多样化不能与主旋律背道而驰，而是要与主旋律相呼应、相和谐；多样化应该健康向上，不能宣扬拜金主义、享乐主义、极端个人主义等腐朽落后的东西。要多样化地唱响主旋律，多种题材、主题、样式、风格相互促进，文艺园地才能百花盛开。弘扬主旋律需要寓教于乐，提倡多样化不能降格以求。

22. 答题要点：

这一观点是错误的。

根据《新闻从业人员职务行为信息管理办法》第七条规定：新闻从业人员以职务身份开设博客、微博、微信等，须经所在新闻单位批准备案，所在单位负有日常监管职责。

五、论述题（本题 24 分）

23. 答题要点：

在我国，新闻工作者既是党的喉舌，又是人民的喉舌，他们担负着反映人民意志，引导人民正确认识世界和改造世界的重大任务，备受党和人民的关注和重视。一个新闻工作者只有具备相应的职业素养，才能不辜负党和人民的重托，承担起新闻工作者的职责。

一是政治修养。新闻工作者在政治上要求高，要讲党性，讲政治，把政治坚定性、政治洞察力和政治责任感作为第一位修养。

二是思想修养。不唯上，不唯书，只唯实，把做坚定的唯物主义者、坚持实事求是的思想路线作为根本的思想修养。

三是法制观念和职业道德修养。新闻工作者对自己的基本要求有六项：全心全意为人民服务，坚持正确的舆论导向，遵守宪法、法律和纪律，维护新闻的真实性，保持清正廉洁的作风，发扬团结协作精神。

四是业务能力修养。包括：政治判断力和新闻敏感性，社会交往与活动能力，调查研究能力，文字表达能力，身体和环境适应能力。

《广播电视基础知识》模拟试卷（五）

1. 笔试题满分为100分。
2. 笔试考试时间为90分钟。
3. 考试方式为闭卷考试。
4. 试题类型包括选择题、简答题、辨析题、论述题。

一、单项选择题（本大题共10小题，每小题1分，共10分）

1.“新闻是新近发生的事实的报道。”这一定义的提出者是(　　)。

A. 徐宝璜　　B. 李大钊

C. 陆定一　　D. 范长江

2. 新闻工作者准确迅速地识别新闻事实的能力，称为（　　）。

A. 政治敏感　　B. 新闻敏感

C. 新闻价值　　D. 新闻线索

3. 当代马克思主义新闻观的根本原则是（　　）。

A. 坚持党性原则

B. 坚持正确舆论导向

C. 坚持正面宣传为主的方针

D. 坚持政治家办报

4. 人类早期信息传播活动产生的动力是（　　）。

A. 人类的好奇心　　B. 人类的求知欲

C. 人类的生理本能　　D. 人类的社会交往

5. 新闻价值的时新性有两层含义：一是指事实在时间上是新近发生的，二是指事实在内容上是（　　）。

A. 及时的　　B. 即时的
C. 新鲜未知的　　D. 有趣的

6. “第四媒体”指的是（　　）。
A. 手机　　B. 电视
C. 博客　　D. 互联网

7. 在运动镜头中，根据摄像机运动的方式来划分类型，不包含下面的（　　）。
A. 变焦距镜头　　B. 摇镜头
C. 移动镜头　　D. 跟镜头

8. 人们对新闻报道的最基本要求是（　　）。
A. 新鲜　　B. 及时
C. 重要　　D. 真实

9. 我国社会主义新闻事业第一个成文的新闻职业道德的规范条例是（　　）。
A.《记者行为准则》
B.《记者守则》
C.《中国新闻工作者职业道德准则》
D.《记者职业规范》

10. 落实党管干部、党管人才原则，坚持德才兼备、以德为先的选人用人标准，强化担当意识、责任意识、奉献意识，着力打造讲政治、守纪律、会经营、善管理、（　　）的国有文化企业干部人才队伍。
A. 有文化　　B. 有理想
C. 有思想　　D. 有水平

二、多项选择题（本大题共 5 小题，每小题 2 分，共 10 分）

11. 在新闻报道中，以下做法正确的是（　　）。

A. 用事实说话，不能主观臆断
B. 内容表述直截了当，慎用情感性词语
C. 写作准确具体，减少修饰性词语
D. 夸张表述，吸引受众关注

12. 2024 年 5 月由中国记协新闻道德委员会发布的《中国记协新闻道德委员会倡议书》号召广大新闻工作者（　　）。
A. 讲政治，守底线，坚持正确导向
B. 讲品格，守责任，弘扬主流价值
C. 讲规范，守伦理，遵从职业道德
D. 讲“四力”，守正气，发扬优良作风

13. 舆论监督的实现途径和实施手段是多种多样的，包括（　　）。
A. 公开地报道事实
B. 树立典型、批评越轨
C. 设置议题
D. 组织讨论

14. 马克思主义新闻自由观的主要观点包括（　　）。
A. 新闻自由是资本的自由
B. 没有绝对的自由，只有相对的自由
C. 新闻自由具有政治属性
D. 新闻自由既是目的，也是手段
E. 没有抽象的自由，只有具体的自由

15. 下列选项中，属于有偿新闻的是（　　）。
A. 参加采访对象安排在营业性餐厅、歌厅、舞厅、夜总会等公共娱乐场所的活动
B. 参加报道对象提供的免费旅游
C. 以“开展正面宣传”为诱饵拉广告、要赞助
D. 以内参、曝光等方式要挟采访对象做广告或给“封口费”

三、简答题（本大题共 4 小题，每小题 5 分，共 20 分）

16. 新闻真实的基本要求有哪些？

17. 新闻工作者在新闻价值选择过程中如何坚持正确的新闻价值取向？

18. 怎样理解以人民为中心的创作导向？

19. 在运动镜头中，根据摄像机运动的方式，可分为哪些镜头，请简要介绍。

四、辨析题（本大题共 3 小题，每小题 12 分，共 36 分）

20. 党对文艺战线的基本要求是要坚持为党服务。

21. 激浊扬清、针砭时弊是党的新闻舆论工作必须遵循的基本方针。

22. 广播电视节目中应坚持正面宣传为主，避免批评报道。

五、论述题（本题 24 分）

23. 结合我国广播电视的实际情况，论述应如何“弘扬主旋律，提倡多样化”。

模拟试卷（五）参考答案

一、单项选择题（本大题共 10 小题，每小题 1 分，共 10 分）

1. C　2. B　3. A　4. D　5. C　6. D　7. D　8. D
9. B　10. A

二、多项选择题（本大题共 5 小题，每小题 2 分，共 10 分）

11. ABC　12. ABCD　13. ABCD　14. BDE　15. ABCD

三、简答题（本大题共 4 小题，每小题 5 分，共 20 分）

16. 答题要点：

新闻真实的基本含义是：客观事实是新闻的本源，新闻是对客观事实的真实反映。新闻真实的具体要求是：对事实的报道必须准确无误。主要包括四个方面的内容：

第一，构成新闻的要素“五个 W” 要准确无误。也就是说，新闻中的事实无论是时间、地点、人物还是事件发生、变化的原因，都应当是实实在在、确凿有据的，不能有半点误差。这些都是新闻报道的事实的元件，必须准确。

第二，事实的细节描述要有根有据，符合实际。比如事实表现出来的特征、状态及数量，人物的语言、外貌、动作等，都必须完全真实，不能想当然地“笔下生花”“合理想象”。

第三，新闻中使用的背景材料要真实可靠。背景材料应与事实直接相关，而不是牵强附会随意选取的。背景材料所涉及的时间、地点、人物、数字、语言、引文，都应当可查可考，不能任意编造。

第四，新闻中所概括的事实要符合客观实际。概括的事实常常具有归纳、综合的特点，是为了更好地描述事实的总体特征和整体面貌，但它必须真实、准确，符合实际，决不能以点代面，以偏概全。

17. 答题要点：

新闻价值取向是指人们对事实的新闻价值的评价尺度与标准。新闻价值选择的基本出发点是考虑受众的需要，因为只有能够适应和满足受众兴趣与需要的事实信息才具有新闻价值。因此，新闻传播者在新闻价值选择的过程中要善于掌握受众的心理，了解受众的兴趣与需要。新闻产品能否实现其价值，最终取决于它适应新闻市场需要的程度和结果，因此，新闻价值选择需要考虑一定时期新闻市场的需求和取向。

新闻传播的主体是新闻传播者，新闻价值的选择也主要是通过新闻传播者来进行的。虽然新闻价值具有客观性，一条新闻其价值的大小是客观存在于构成这条新闻的事实信息之中的，但掌握了新闻价值理论，具有新闻价值选择与判断实践经验的新闻传播者在新闻价值的选择与判断过程中具有重要的作用。在新闻传播过程中，社会控制体现在一定的社会组织和社会机构对于传播内容和传播形式的制约和限制。这种制约和限制会直接影响到新闻价值的选择和判断。任何新闻媒介要想使其传播内容及传播行为得以顺利实现和完成，都必须以不违反社会控制者的制约和限制为条件。

18. 答题要点：

社会主义文艺，从本质上讲，就是人民的文艺。人民既是历史的创造者，也是历史的见证者；既是历史的“剧中人”，也是历史的“剧作者”。文艺要反映好人民心声，就要坚持为人民服务、为社会主义服务这个根本方向。这是党对文艺战线提出的一项基本要求，也是决定我国文艺事业前途命运的关键。

第一，人民需要文艺。人民的需求是多方面的。满足人民日益增长的物质需求，必须抓好经济社会建设，增加社会的物质财富。满足人民日益增长的精神文化需求，必须抓好文化建设，增加社会的精神文化财富。

第二，文艺需要人民。人民是文艺创作的源头活水，一旦离开人民，文艺就会变成无根的浮萍、无病的呻吟、无魂的躯壳。

第三，文艺要热爱人民。有没有感情，对谁有感情，决定着文艺创作的命运。如果不爱人民，那就谈不上为人民创作。

19. 答题要点：

变焦距镜头，是通过一边改变镜头焦距一边进行拍摄的方式获得的镜头。它的运动是沿着镜头光轴的方向进行的。它可以通过镜头的实际接近、离开实现，也可以通过光学变焦镜头的旋转模拟实现。它有些类似于人们注意力的改变而产生的观察范围及其效果的变化过程，不同之处在于：人的注意力引发的观察范围的变化，是在瞬间完成的，而变焦距镜头的拍摄过程中增加了变化的过渡过程，因而带上了某种表现的意味。

摇镜头，摇镜头的获得过程称作摇摄。摇摄是指摄像机镜头以固定支点为圆心做旋转运动进行拍摄。摇摄就如同人通过转动头部、身体在原地变换姿势产生的环顾性视线移动。

移动镜头，是摄像机在运动中所拍摄到的镜头。它可以全方位地变换与被拍摄对象的距离和拍摄角度，形成推、拉、移、升、降、跟等各种运动方式。

四、辨析题（本大题共 3 小题，每小题 12 分，共 36 分）

20. 答题要点：

这一观点是错误的。

党对文艺战线的基本要求是坚持为人民服务，为社会主义服务。社会主义文艺，从本质上讲，就是人民的文艺。要反映好人民的心声，就是坚持为人民服务、为社会主义服务这个根本方向，这是党对文艺战线提出的一项基本要求，也是决定我国文艺事业前途命运的关键。要把满足人民精神文化需求作为文艺和文艺工作的出发点和落脚点，把人民作为文艺表现的主体，把人民作为文艺审美的鉴赏家和评判者，把为人民服务作为文艺工作者的天职。

21. 答题要点：

这一观点是错误的。

激浊扬清、针砭时弊强调的是批评报道，而党的新闻报道工作应遵循的是团结稳定鼓劲、正面宣传为主的方针。社会主义新闻事业面对亿万人民群众的伟大实践，面对发展中的社会主义事业，报道的着眼点自然应当放在主流方面、主导方面。

坚持正面宣传为主，还要注意处理好与批评报道的关系，新闻报道要勇于开展严肃认真的批评，批评、揭露消极的、落后的、丑恶的东西，改进工作，解决问题。

22. 答题要点：

这一观点是错误的。

坚持新闻报道以正面宣传为主，但绝不是放弃批评报道，拒绝对社会黑暗面的揭露和对工作中缺点错误的批评。正面宣传是为了鼓舞人民的斗志，批评报道是为了改进工作，解决问题，增强人们前进的信心，两者都是为了激励人民同心同德，为建设有中国特色的社会主义而努力奋斗。

五、论述题（本题 24 分）

23. 答题要点：

（1）弘扬主旋律就是要在建设有中国特色社会主义理论和党的基本路线指导下，大力倡导一切有利于发扬爱国主义、集体主义、社会主义的思想和精神，大力倡导一切有利于改革开放和现代化建设的思想和精神，大力倡导一切有利于民族团结、社会进步、人民幸福的思想和精神，大力倡导一切用诚实劳动争取美好生活的思想和精神。

（2）提倡多样化体现了“二为方向”和“双百方针”。提倡多样化就是在不违背“二为方向”的前提下，艺术家表现什么，如何表现，完全可以百花齐放。提倡多样化包括两方面的要求：一是要努力满足人民群众多方面多层次的变化需求。二是即使是反映主旋律的作品，在题材、形式、风格和表现方法上也要丰富多彩，生动活泼。

（3）坚持弘扬主旋律和提倡多样化的辩证统一，促进文化艺术的繁荣发展。主旋律的内容和形式是丰富多样的，弘扬主旋律，要确保更多的优秀文化产品的创作生产，满足人民群众的多样性需求。提倡多样化，要在坚持正确导向的前提下促进文化的创新、繁荣与发展。

（4）在新的历史条件下，正确处理弘扬主旋律与提倡多样化的关系，就是要既大力弘扬主旋律，又提倡多样化，达到二者高度统一，才有利于社会主义文化艺术事业的繁荣发展。

《广播电视基础知识》模拟试卷（六）

1. 笔试题满分为 100 分。
2. 笔试考试时间为 90 分钟。
3. 考试方式为闭卷考试。
4. 试题类型包括选择题、简答题、辨析题、论述题。

一、单项选择题（本大题共 10 小题，每小题 1 分，共 10 分）

1. 新闻机构最主要的活动内容是（　　）。

A. 进行政治宣传　　B. 服务社会生活

C. 提供文化娱乐　　D. 传播新闻信息

2. 新世纪新阶段加强和改进新闻宣传工作的重要突破口是（　　）。

A. 贴近实际，贴近生活，贴近群众

B. 为人民服务，为社会主义服务，为全党全国工作大局服务

C. 社会效益第一，社会效益与经济效益统一

D. 以“三个代表”重要思想统领新闻宣传工作

3. 新闻线索具有以下特点（　　）。

A. 比较简单，完整性强　　B. 时间短暂，稳定性低

C. 反映本质，变动性小　　D. 虽是信号，却能证实

4. 关于“匿名消息源”，以下说法不正确的是（　　）。

A. 尽量使用匿名的消息来源

B. 在报道中解释匿名消息源的背景

C. 对消息源要求匿名的确切原因，应当作合理的评估与判断

D. 必须使用匿名消息来源时应做到：至少有一名编审人员知道匿名消息源的真实身份

5. 各类新闻事业公开承认的共同原则是（　　）。

A. 党性原则　　B. 群众性原则

C. 真实性原则　　D. 指导性原则

6. 新闻价值要素中“接近性”的全面含义指的是（　　）。

A. 地理和心理的接近　　B. 心理和利益的接近

C. 利益和地理的接近　　D. 地理、利益和心理的接近

7. 中国共产党创办的第一座人民广播电台是（　　）。

A. 中国国际广播电台　　B. 中央人民广播电台

C. 延安新华广播电台　　D. 北平广播电台

8.“舆论导向正确，是党和人民之福；舆论导向错误，是党和人民之祸。”这一论断的提出者是（　　）。

A. 毛泽东　　B. 邓小平

C. 江泽民　　D. 胡锦涛

9. 在新的起点上继续推动文化繁荣、建设文化强国、建设中华民族现代文明，是我们在新时代新的（　　）。

A. 历史使命

B. 文化使命

C. 庄严使命

D. 政治使命

10. 摄像机镜头向下倾斜拍摄，这样的拍摄角度是（　　）。

A. 平角　　B. 俯角　　C. 仰角　　D. 正面

二、多项选择题（本大题共 5 小题，每小题 2 分，共 10 分）

11. 关于新闻报道的“本质真实”，以下说法正确的是（　　）。

A. 所谓本质真实，是指新闻报道要反映出事物的内在品质和规律

B. 并非所有的新闻报道都要做到反映事物的本质

C. 新闻报道应当尽可能做到全面、深刻地反映事物的内在品质和规律

D. 新闻报道应力求做到对所报道事物的整体上的、宏观上和本质上的把握

12. 下列新闻实践活动中，（　　）没有做到马克思主义新闻观基本原则与工作方法的统一。

A. 追寻事件真相时主要运用网络和电话等便捷式采访

B. 结合新闻价值、工作需要和社会效果安排报纸的头版头条

C. 带着主题去采访，应付交差了事

D. 把原有的栏目改头换面，打上“走基层”的栏花

13. 新闻舆论监督从监督主体看，主要是（　　）。

A. 新闻传媒代表公众舆论对社会实行监督

B. 党和政府借助新闻传媒对社会实行监督

C. 公众借助新闻传媒对社会实行监督

D. 新闻传媒代表党和政府对社会实行监督

E. 新闻传媒对自身的监督

14. 从不同角度设置议题，掌控舆论引导的主动权。我们必须抓住一些关键方面关键节点，包括（　　）。

A. 把习近平新时代中国特色社会主义思想作为对外传播的首要议题

B. 聚焦彰显中国制度、中国道路、中国方案、中国主张、中国

智慧优越性的重大实践

C. 着力报道全球聚焦的中国事务

D. 积极回应国际社会“认知错位”的关键问题

15. 下列新闻报道用语不当的有（　　）。

A. 农民工小偷　　B. 教授罪犯

C. 贪官妻子　　D. 工人兄弟

三、简答题（本大题共 4 小题，每小题 5 分，共 20 分）

16. 简述网络主播的含义。

17. 新闻工作者不同于其他职业的特征有哪些？

18. 新闻工作者的自媒体行为如何避免与单位及职业身份产生利益冲突？

19. 简述加强新时代文艺评论工作的总体要求。

四、辨析题（本大题共 3 小题，每小题 12 分，共 36 分）

20. 新闻工作者坚持党性原则，就不能做到真实、客观、公正。

21. 新闻自由是具体的、相对的、有阶级性的。

22. 在新媒体与“读图时代”，广播的功能与传播价值正在日益丧失。

五、论述题（本题 24 分）

23. 结合实际，论述如何在新闻报道中坚持全面、客观、公正的原则。

模拟试卷（六）参考答案

一、单项选择题（本大题共 10 小题，每小题 1 分，共 10 分）

1. D　2. A　3. B　4. A　5. C　6. D　7. C　8. C
9. B　10. B

二、多项选择题（本大题共 5 小题，每小题 2 分，共 10 分）

11. ABCD　12. ACD　13. AC　14. ABCD　15. ABC

三、简答题（本大题共 4 小题，每小题 5 分，共 20 分）

16. 答题要点：

“网络主播”是指通过互联网提供网络表演、视听节目服务的主播人员，包括在网络平台直播、与用户进行实时交流互动、以上传音视频节目形式发声出镜的人员。

17. 答题要点：

一是能够及时、敏锐地反映社会和时局的变化。

二是新闻工作以全社会为其工作对象，也以全社会为其服务对象，新闻工作者能够与社会生活和人民群众保持着十分广泛的联系。

三是新闻工作者要具有坚定的政治信念，具有很强的政治洞察力，作为喉舌、工具具有很强的政治性。

四是新闻媒介在反映舆论、引导舆论方面具有权威性，新闻工作者作为舆论的代表具有很高的权威性，被称为“社会公正的法官”。

五是新闻工作者的职业是一种快节奏、高强度的创造性劳动。

六是新闻工作者往往是在事后在最短的时间里把所发生的事件报道出去，使得新闻工作者所反映的生活会同复杂的实际生活产生一定的距离，因而新闻职业具有浮光掠影的弱点。

18. 答题要点：

新闻工作者使用社会化媒体应当遵循“内外有别”原则，避免与单位及职业身份产生利益冲突。具体应做到：

（1）对事实信息的发布提供相关链接；

（2）对冲突事件表态应当谨慎；

（3）不传播敏感或争议性话题的内部讨论；

（4）不传播对媒体内部事务的建议；

（5）及时删除评论（跟帖）中损害单位利益的内容。

19. 答题要点：

以习近平新时代中国特色社会主义思想为指导，全面贯彻“二为方向”和“双百方针”，坚持创造性转化、创新性发展，弘扬中华美学精神，进行科学的、全面的文艺评论，发挥价值引导、精神引领、审美启迪作用，推动社会主义文艺健康繁荣发展。建立线上线下文艺评论引导协同工作机制，建强文艺评论阵地，营造健康评论生态，推动创作与评论有效互动，增强文艺评论的战斗力、说服力和影响力，促进提高文艺作品的精神高度、文化内涵和艺术价值，为人民提供更好更多精神食粮。

四、辨析题（本大题共 3 小题，每小题 12 分，共 36 分）

20. 答题要点：

这一观点是错误的。

新闻工作的党性原则要求新闻工作者在思想上以马克思主义为指针，在政治上宣传党的纲领路线、方针政策，在组织上接受党的领导，遵守党的组织原则和新闻宣传工作的纪律。

新闻真实性指新闻报道以客观存在的事实为对象，坚持实事求是的原则，使报道结果符合实际；新闻客观性指新闻报道以客观存在的事实为对象，以客观叙述为表达方式；新闻公正性指新闻报道为对立的双方提供平等反映意见的机会。

社会主义新闻工作者只有遵循党性原则，运用马克思主义的立场、观点和方法，一切从实际出发，实事求是地对客观事物进行科学分析和准确判断，才能从根本上做到报道的真实、客观和公正。

21. 答题要点：

这一观点是正确的。

新闻自由的具体性表现在它不是一个抽象的概念，它有具体的内容；其相对性表现在它受一定社会法律和政策的约束；其阶级性表现在，在阶级社会中，只有统治阶级才拥有新闻自由，而被统治阶级被剥夺了新闻自由。

22. 答题要点：

这一观点是错误的。

受众的多元化需要，决定了广播媒体的生存空间。广播具有独特的传播优势：迅速反应、覆盖面广，成本低廉、便于互动，伴随收听、声情并茂。广播在发挥传统优势的同时，可借助新媒体实现可视可听可读，新媒体时代广播的功能和传播价值不仅不会丧失，反而会得到更大的拓展。

五、论述题（本题 24 分）

23. 答题要点：

（1）新闻报道要全面、客观、公正，是新闻传播内在规律的要求，也是社会主义新闻事业普遍遵循的一条原则。

（2）全面：是相对片面而言的。任何事物都不是孤立地存在的，而是相互联系的；任何事物又都是矛盾的统一体，可以一分为二的。新闻报道选择事实时，应从事实的全部总和中去把握事实，从事实的相互联系中准确地描述事实，而不是孤立地、静止地、片面地看待事实。

（3）客观：是相对主观而言的。新闻报道应从客观实际出发，客观地描述事实的状态、特征、变化、内在的因果关系及事物之间的联系，从而使报道的事实符合实际；而不应从主观意愿出发，任意摆弄客观存在的事实，或以主观意见代替客观事实。

（4）公正：是指新闻报道应秉持公平的、平等的态度。报道事实时，不能以一己之利或一己之见决定取舍。当人民群众对所报道的事实以及对事实所作的评论出现意见分歧时，应尊重他们表达意见的权利，保持公正的立场。

（5）全面、客观、公正虽有各自的内涵和要求，但三者之间是互相联系的。世界上并没有什么完全孤立的事件，而总是在全局、整体中存在着，在事件与事件的相互联系中不断发展变化着，没有对客观事实的全面把握和真实报道，自然谈不上什么客观与公平；只有坚持客观报道，坚守公正立场，才能自觉地、准确地把握事实，并作出真实、全面的报道，从而赢得人民群众的信任。

《广播电视基础知识》模拟试卷（七）

1. 笔试题满分为 100 分。
2. 笔试考试时间为 90 分钟。
3. 考试方式为闭卷考试。
4. 试题类型包括选择题、简答题、辨析题、论述题。

一、单项选择题（本大题共 10 小题，每小题 1 分，共 10 分）

1. 不以营利为目的而为社会公众切身利益和社会风尚服务的广告是（　　）。

A. 消费者广告　　B. 商业广告

C. 公益广告　　D. 零售广告

2. “舆论导向正确，是党和人民之福；舆论导向错误，是党和人民之祸。”这一论断的提出者是（　　）。

A. 毛泽东　　B. 邓小平

C. 江泽民　　D. 胡锦涛

3. 新闻价值构成要素不包括（　　）。

A. 真实性　　B. 重要性

C. 显著性　　D. 趣味性

4. 在新闻工作中，“自律”与“他律”的关系，具体指的是（　　）。

A. 新闻价值与新闻政策的关系

B. 新闻道德与新闻法制的关系

C. 指导性与服务性的关系

D. 党性与群众性的关系

5. 北京人民广播电台最初的台名是（　　）。

A. 北京广播电台　　B. 中国人民广播电台

C. 中央广播电台　　D. 北平新华广播电台

6. 新闻选择有两个主要标准：一是新闻价值，二是（　　）。

A. 政策法规和伦理道德

B. 新闻的可读性和真实性

C. 版面和文章章节的审美标准

D. 宣传效果和舆论导向

7. 人们对新闻报道的最基本要求是（　　）。

A. 新鲜　　B. 及时

C. 重要　　D. 真实

8. 媒体报道某地发生虐待父母事件，其监督对象是（　　）。

A. 值得关注的社会现象

B. 一般社会成员的不良行为

C. 决策执行过程

D. 决策出台过程

9. 音响在新闻节目中最基本和最重要的作用是（　　）。

A. 增加报道的可信性　　B. 增加报道的生动性

C. 增加报道的感染力　　D. 增加报道的现场感

10. 电视影像的摄录过程中光线分为自然光和（　　）。

A. 人工光　　B. 物理光

C. 高光　　D. 低光

二、多项选择题（本大题共 5 小题，每小题 2 分，共 10 分）

11. 下列做法中，符合新闻客观的理念的选项有（　　）。

A. 报道中要做到将事实与观点分离

B. 不使用带有强烈感情色彩或倾向的词汇

C. 不使用片面的消息来源

D. 给予受批评者答辩的机会，做到形式上的客观

12. 新闻真实与准确的要求有（　　）。

A. 保证确有其事，不道听途说

B. 对所引用的一切资料等都具备确切的来源

C. 核实关键性事实

D. 报道若出现失实，及时更正

13. 在传统媒体对待网络民意或网络舆情的以下做法中，正确的做法有（　　）。

A. 进行热点问题的网络调查，了解网民观点

B. 集纳网民的言论和意见，作为报道素材

C. 在网络平台发布信息或评论，回应网民问题

D. 关闭媒体微博页面的留言板，以防信息过载

14. “三贴近”继承了我国新闻工作的优良传统，“走转改”是实现“三贴近”的有效途径，其主要原因有（　　）。

A. 因为“走转改”体现了社会主义新闻工作的要求

B. 因为“走转改”指明了加强和改进新闻工作的有效途径

C. 因为“走转改”践行了舆论引导和宣传艺术结合的方针

D. 因为“走转改”是对马克思主义新闻观的新发展

15. 文化软实力集中体现了一个国家基于文化而具有的凝聚力和生命力，以及由此产生的吸引力和影响力。提高国家文化软实力，（　　）。

A. 要努力弘扬中华文化，推进中华文化创新发展，展示中华文化魅力，夯实国家文化软实力的根基

B. 要讲好中国故事，传播好中国声音，阐释好中国特色，注重国家形象塑造，增强对外话语的创造力、感召力和公信力，

提高国际话语权

C. 要加强当代中国价值观念的提炼与阐释

D. 要拓展对外传播平台和载体，创新对外话语表达方式和传播渠道，使当代中国价值观念走向世界，提高当代中国价值观念的国际知晓率和认同度

三、简答题（本大题共 4 小题，每小题 5 分，共 20 分）

16. 新闻价值的客观性与综合性分别指的是什么？

17. 为什么说真实是新闻的生命？

18. 电视影像的基本特征有哪些？

19. 全面提升国际传播效能的途径有哪些？

四、辨析题（本大题共 3 小题，每小题 12 分，共 36 分）

20. 新闻报道要坚持客观性原则，就不能有倾向性。

21. 媒体进行产业经营，必然会影响新闻公正。

22. 电视作品长于再现，现场感强烈。

五、论述题（本题 24 分）

23. 结合实际，论述在新形势下如何坚持“政治家办报办台”。

模拟试卷（七）参考答案

一、单项选择题（本大题共10小题，每小题1分，共10分）

1. C　2. C　3. A　4. B　5. D　6. A　7. D　8. B　9. A　10. A

二、多项选择题（本大题共5小题，每小题2分，共10分）

11. ABC　12. ABCD　13. ABC　14. ABD　15. ABCD

三、简答题（本大题共4小题，每小题5分，共20分）

16. 答题要点：

新闻价值的客观性指事实本身所具有的足以构成新闻的各种特殊素质是客观的，不以传播者的主观需要而增减。一是事实本身确实包含有这些素质，二是它能否成为新闻是由受众而不是由传播者的主观意志所决定的。但是，衡量客观存在的新闻价值，却是取决于新闻工作者的主观是否能够正确地反映客观。

新闻价值的综合性指受众在选择和判断事实时所反映出来的需求欲望、价值观念、社会心理等，总是受到一定社会的经济、政治和文化的制约。具体判断新闻价值，不仅包括信息价值，而且包括宣传舆论价值、文化教育价值，它是一个综合判断的过程。

17. 答题要点：

真实是新闻的生命。坚持新闻报道的真实性，是社会主义新闻事业必须始终遵循的一条基本原则。坚持新闻真实是新闻媒体取得公众信任的前提，是新闻工作者职业道德的基本要求，是新闻事业存在和发展的根本立足点。新闻是面向社会的信息传播，新闻真实不仅关系到社会成员的利益，而且关系到社会的稳定和国家的利益。失实的新闻报道是新闻工作的大敌，是社会的公害。坚持新闻的真实性，是新闻事业一项不可动摇的基本原则，必须坚持不懈，持之以恒。

18. 答题要点：

（1）再现性的本质特征。电视摄像机所摄录画面音响中的对象是具体的客观存在物，画面能客观准确地再现镜头前拍摄的现象，包括对象的运动、色彩、影调等。因此，纪实性电视画面被看作现实的真实再现，能激起观众相当强烈的现实感。

（2）时空一体的运动存在方式。电视影像是时空一体、连续运动的活动画面。一方面，电视影像展示的是与客观世界同样的情景，而时空一体的运动变化是人类感知客观世界的基本方式。另一方面，电视摄录系统也以它特有的方式记录、传播其摄录对象，这其中就包含着其自身的运动与变化，如有水平方向、垂直方向等各种不同角度的推、拉、摇、移、升、降、甩等镜头运动。它们提供了人们观察对象的不同视野和视角，也提供了制作者观察、选择与传达信息的能动性。

（3）声像一体的信息形式。电视影像具备声像一体记录的能力。现实中的事物一般都是存在于特定的声音背景中的，声像一体是人类接受外界信息惯常的自然方式，声像一体的相互引导与印证作用，可以使受众更准确、更全面、更轻松自然地把握信息。因而，它是电视影像的传播优势之一，也是受众对电视影像的基本期待。

（4）限定性显示空间。就目前而言，电视影像的拍摄与显示还不是全视域的。人们只能在限定的显示屏幕框架内观看影像。这种拍摄与显示上的制约性，决定了电视的摄录、传达与接受方式，具有相当的强制性。

（5）感性的符号形式。影像作为符号，是完全感性的自然符号，一般不具备抽象性和概括性，它是个别的、特殊的感觉——知觉层面的丰富信息。因此，影像符号长于展示而拙于阐释。

（6）孤立影像含义的不确定性。由于画面是客体的再现，而客体是不会自己向观察者讲述其意义的——意义是关系的产物；对于影像来说，其意义是人对影像中显示的关系的把握。因而，对处于该关系变化过程之外的电视受众而言，对作为关系要素的各画面或镜头孤立来看，其含义是无法确定的，可以做多种理解。

19. 答题要点：

建强适应新时代国际传播需要的专门人才队伍。加强国际传播的理论研究，掌握国际传播的规律，构建对外话语体系，提高传播艺术。要采用贴近不同区域、不同国家、不同群体受众的精准传播方式，推进中国故事和中国声音的全球化表达、区域化表达、分众化表达，增强国际传播的亲和力和实效性。广交朋友、团结和争取大多数，不断扩大知华友华的国际舆论朋友圈。讲究舆论斗争的策略和艺术，提升重大问题对外发声能力。

四、辨析题（本大题共 3 小题，每小题 12 分，共 36 分）

20. 答题要点：

这一观点是错误的。

新闻报道的客观性原则是指新闻工作者以客观事物为反映对

象，以客观叙述为反映手段的一种工作规范，包括内容和形式两个方面。

内容上的客观，指新闻事实是一种客观存在。形式上的客观，指新闻的倾向性是通过新闻事实的逻辑力量显现的。报道者善于寓褒贬于客观叙述之中，而不随意加以主观的解释。客观和倾向并不矛盾，新闻报道者的立场和倾向性，应该通过对新闻事实及新闻表述的选择和组织来显示，对经过精心选择的新闻事实进行实事求是的客观叙述，完全可以鲜明地表达报道者的立场和观点。

21. 答题要点：

这一观点是错误的。

媒体进行产业经营与坚持新闻公正并不是对立的。良性的产业经营能够促进新闻事业的发展。在产业经营中，只要始终坚持新闻真实性原则，恪守新闻职业道德，就能确保新闻客观公正。新闻媒体还要始终坚持把新闻事业的社会效益放在首位，这样才能保证新闻的公正。

22. 答题要点：

这一观点是正确的。

电视在真实再现事物的变化过程方面，具有得天独厚的优势。在现实中事物发展变化的信息往往是多形式全方位同时发生的，例如伴随着一个具体事物发展变化的氛围、条件等，电视可以较全面地记录反映这一状况，使观众真正进入见其人、闻其声的接收状态。

五、论述题（本题 24 分）

23. 答题要点：

（1）在新的形势下贯彻政治家办报办台方针，要坚持党管干部、党管人才的方针，确保各级各类新闻机构的领导权牢牢掌握在忠于马克思主义、忠于党和人民的人手里。坚持政治家办报办台，就要适应新时期新闻舆论工作的需要，高标准地搞好新闻队伍建设。新闻工作者，特别是共产党员和领导干部，必须努力提高自己的思想政治素质和业务素质。

（2）新闻工作者要打好理论路线根底。要坚持马列主义、毛泽东思想和中国特色社会主义理论体系，坚持党的基本路线，用以指导自己的思想和工作。理论路线根底打好了，不管情况多么复杂，形势怎样变化，都会保持坚定正确的政治立场和政治方向。

（3）要打好政策法规纪律根底。要牢牢掌握中央的方针政策，牢牢掌握国家的法律法规，严守新闻工作纪律。新闻工作是政治性、政策性极强的工作，新闻工作者如果对党的方针政策和国家的法律法规不懂不熟悉，那就宣传不好，甚至出现误导，给党和人民的事业带来不应有的损失。

（4）要打好群众观点根底。新闻工作、党报工作，说到底，也是群众工作，是我们党联系群众的重要纽带。密切联系群众，是新闻工作者的必修课和基本功。大家要树立牢固的群众观点，同广大人民群众同呼吸，共命运，善于做调查研究工作，紧扣时代的脉搏，倾听群众的心声，多写反映改革开放和社会主义现代化建设的好作品。

（5）要打好知识根底。知识就是力量。新闻工作者首先要努力掌握与自己的业务工作直接有关的知识，同时，还要博览群书，哲学、政治、经济、法律、历史、文学等方面的书籍都应读一些，科技知识也应尽可能多学一些。党的新闻队伍中应该多出一些既懂政治、学识又渊博的编辑、记者、评论员。

（6）要打好新闻业务根底。新闻工作，无论编辑、采访，都需要有业务能力，特别是要有很好的文学修养。现在，媒体刊播的许多报道，主题好，内容好，语言也很精彩，使人在受教育的同时，也得到美的享受。但是也有一部分新闻作品，不讲究辞章文采，文字干巴巴的，翻来覆去老是那么几句套话，也有的哗众取宠，乱造概念，词句离奇，使人看不懂，这种不良文风应加以纠正。要大力提倡新闻工作者苦练基本功。

《广播电视基础知识》模拟试卷（八）

1. 笔试题满分为 100 分。
2. 笔试考试时间为 90 分钟。
3. 考试方式为闭卷考试。
4. 试题类型包括选择题、简答题、辨析题、论述题。

一、单项选择题（本大题共 10 小题，每小题 1 分，共 10 分）

1. 提出“只有忠实于事实，才能忠实于真理”著名论断的是(　　)。

A. 毛泽东　　B. 周恩来

C. 刘少奇　　D. 邓小平

2. 新闻是“易碎品”，因此新闻记者报道新闻要讲究（　　）。

A. 有抢有压　　B. 有闻必录

C. 争取时效　　D. 用事实说话

3.（　　）是坚持“二为方向”和“双百方针”的具体体现，是社会主义文艺发展的内在要求。

A. 弘扬主旋律，提倡多样化

B. 群众路线

C. 思想性、艺术性、观赏性的统一

D. 创作自由，批评自由

4. 以下说法错误的是（　　）。

A. 广播电视播音员主持人应树立良好的声屏形象，尊重大众审美情趣和欣赏习惯

B. 广播电视播音员主持人形象设计要符合中华民族的文化传统，不盲目模仿境外和外国人的形象，不用外国人的名字作为艺名

C. 广播电视播音员主持人的形象要追求个性，要不拘一格，只要自己喜欢就可以

D. 少儿节目主持人的服饰、发型、化妆、声音、举止要充分考虑到对未成年人的影响，展示积极健康向上的形象和精神风貌

5. 为了解决广大农民群众听广播、看电视难的问题，从 1998 年起党中央、国务院开始实施（　　）。

A. “广播电视下乡工程”　　B. “广播电视四级混合覆盖”

C. “广播电视村村通工程”　　D. “四级办广播电视”

6. 中国国际广播电台的办台宗旨是（　　）。

A. “向世界介绍中国，向中国介绍世界，向世界报道世界，增进中国人民与世界人民之间的了解和友谊”

B. “中国立场、世界眼光、人类胸怀”

C. “适应当代网络、数字等新媒体技术发展趋势，实现无疆界、跨媒体综合传播”

D. “国家责任、全球视野、人文情怀”

7.（　　）适用于表现较大范围的空间、环境、自然景色或众多人物的活动场面。

A. 远景　　B. 全景　　C. 近景　　D. 特写

8. 在新闻类广播节目中，语言的基本形态不包括（　　）。

A. 新闻播音语言　　B. 新闻报道语言

C. 实况语言　　D. 视听语言

9.（　　）主要面向手机、掌上电脑等小屏幕便携手持终端以及车载电视等终端提供广播电视服务。

A. 移动多媒体广播　　B. 数字无线电广播

C. 卫星电视　　D. 楼宇广告

10. 中国网络电视台是中央电视台旗下的国家网络广播电视播出机构，着力为全球用户提供包括视频直播、点播、上传、搜索、分享等在内的，方便快捷的“全功能”服务，成为深受用户喜爱的（　　）。

A. 多媒体节目视听平台　　B. 网络视频公共服务平台

C. 交互式电视机构　　D. 电视节目播出与运营机构

二、多项选择题（本大题共 5 小题，每小题 2 分，共 10 分）

11. 在案件报道中，以下记者的做法正确的有（　　）。

A. 不妨碍刑事侦讯工作，不提前泄露案情

B. 跟随公安部门现场报道办案过程时，不参与、不干涉、不打扰办案

C. 尊重法官，不强行采访

D. 尊重犯罪嫌疑人合法权利，不对其进行审讯式访谈

12. 下列选项中，（　　）能够确保新闻报道的公正。

A. 禁止对任何人的歧视

B. 保持中立，做到利益规避

C. 平衡呈现各方观点，保持中立

D. 多采访学术界人士和记者

13. 记者采访中不能收的物品有（　　）。

A. 小额的现金

B. 购物卡

C. 礼品券

D. 活动纪念品

14. 用“三贴近”加强和改进新闻宣传工作，主要体现在新闻宣传工作要在（　　）等方面进行创新。

A. 内容　B. 形式　C. 观念　D. 方法　E. 体制

15. 广播语言是广播运载信息最基本的符号系统。在新闻类广播节目中，语言的基本形态有（　　）。

A. 新闻播音语言　B. 新闻配乐语言

C. 新闻报道语言　D. 实况语言

三、简答题（本大题共 4 小题，每小题 5 分，共 20 分）

16. 新闻媒体在网络安全方面应该做到哪些方面?

17. 打击新闻敲诈和假新闻专项行动的重点是什么?

18. 简述广播和电视共同的传播特点。

19. 避免新闻从业者在履行职责过程中的利益冲突要做好哪些工作?

四、辨析题（本大题共 3 小题，每小题 12 分，共 36 分）

20. 在新闻实践中只要做到对党负责就可以了。

21. 媒体竞争的关键是技术的竞争。

22. 较之于报纸，广播媒体是线性传播，选择性差。

五、论述题（本题 24 分）

23. 结合实际，论述如何坚持正确的舆论导向。

模拟试卷（八）参考答案

一、单项选择题（本大题共 10 小题，每小题 1 分，共 10 分）

1. B　2. C　3. A　4. C　5. C　6. A　7. A　8. D
9. A　10.B

二、多项选择题（本大题共 5 小题，每小题 2 分，共 10 分）

11. ABCD　12. ABC　13. ABCD　14. ADE　15. ACD

三、简答题（本大题共 4 小题，每小题 5 分，共 20 分）

16. 答题要点：

第一，树立正确的网络安全观。

第二，加快构建关键信息基础设施安全保障体系。

第三，全天候全方位感知网络安全态势。

第四，增强网络安全防御能力和威慑能力。

17. 答题要点：

打击新闻单位及其人员的新闻违法活动、各类网络传播平台及公众账号的非法新闻活动以及社会组织与个人的非法新闻活动。

18. 答题要点：

信息量大；受众广泛、覆盖面广；时效性强；转瞬即逝；不易保存。

19. 答题要点：

一是健全防止利益冲突制度。对从业者能干什么，不能干什么，追求哪些利益正当，追求哪些利益不正当，作出具体明晰的界定，使从业者的行为有法可依、有法必依。

二是健全防止利益冲突监督机制，强化对从业行为的监督制约。

三是构建避免利益冲突的教育体系，打造廉洁从业的文化氛围。

四、辨析题

20. 答题要点：

这一观点是错误的。

在新闻实践中要做到对党负责和对人民负责相统一。社会主义新闻事业的党性和人民的利益是完全一致的，在社会主义新闻事业的全部工作中，对党负责与对人民负责应当是完全统一的。人民群众的信任和支持，是党得以生存的基础和力量的源泉。党通过新闻事业同群众保持经常的、密切的联系，由于新闻事业覆盖面广，能够把党的声音广泛传递到群众中去，由于社会主义新闻事业是人民的事业，通过专业新闻工作者和非专业新闻工作者的活动，能把人民的呼声、愿望、批评及时反映出来，并且通过公开的或内部的报道形式传达给党的领导机关。这种生动活泼的联系，使党能够通过新闻事业和群众交谈，使社会主义新闻事业不但在理论上而且在实践中成为党的耳目喉舌和人民的耳目喉舌。

历史经验表明，只有坚持党的正确领导，坚持马克思主义的政治路线和思想路线，发扬党内民主和社会主义民主，才能保持和加强党和人民群众的联系，才能有效发挥社会主义新闻事业的纽带作用，做到对党负责和对人民负责的统一。

21. 答题要点：

这一观点是错误的。

媒体竞争中技术是非常重要的一环，但关键是人才的竞争，媒体优势核心是人才优势。

22. 答题要点：

这一观点是正确的。

报纸以“面”的、实体的形式呈现在读者面前，读者读报可以按自己的需要和兴趣选择内容，拥有较强的自主权和选择权。而广播则需按时间顺序安排内容，以接连不断的“线”性形式一一呈现出来，受众只能依顺序接收，很难自主选择自己喜爱的节目和内容，也就难以主动把握重点。在特定时间里，受众只能有效地接收一套节目，不能提前、不能推后，更不能错过接收时间。受众的选择权是不完全的。

五、论述题（本题 24 分）

23. 答题要点：

舆论导向指的是新闻宣传中占主导地位的舆论导向。舆论导向直接影响广大社会成员的思想和行动，关系革命和建设事业的成败、党和人民的祸福，是新闻工作中一个需要高度重视、万万不可掉以轻心的原则性问题。能否正确把握舆论导向是检验新闻工作党性的重要标尺。社会主义新闻事业的一项重要任务就是把握正确的舆论导向，坚持用正确的舆论引导人，同时做好错误舆论的转化工作。

坚持正确的舆论导向，根本的是要以马克思列宁主义、毛泽东思想、中国特色社会主义理论体系为指针，自觉地在思想上、政治上、行动上同党中央保持一致，坚定不移地贯彻党的基本理论、基本路线、基本纲领和基本经验，认真宣传党的各项方针、政策，把人民群众的思想统一到中央的精神和工作部署上来，积极推进物质文明、精神文明、政治文明和生态文明建设，促进国民经济持续快速协调健康发展和社会全面进步。

第一，坚持正确的舆论导向，首要的是坚持正确的政治导向。新闻工作者要不断增强政治敏锐性和政治鉴别力，在事关政治方向、政治原则的问题上时刻保持清醒头脑，做到旗帜鲜明，立场坚定，大事面前不糊涂，关键时刻不动摇。

第二，坚持正确的舆论导向，必须增强政治意识、大局意识、责任意识。新闻宣传工作是党和国家工作大局的重要组成部分，从来都是为党和国家发展服务的。

第三，坚持正确的舆论导向，必须唱响主旋律，打好主动仗。在思想空前活跃，社会价值呈现多样化趋势，影响群众思想的因素和渠道越来越复杂多样，社会舆论存在不同声音甚至杂音噪音的情况下，新闻工作要积极主动地用正确的思想舆论去反对和克服错误的思想舆论，保持正确思想舆论的主导地位，巩固和发展全国人民团结奋斗的思想基础。

第四，坚持正确的舆论导向，必须贯彻团结稳定鼓劲、正面宣传为主的方针，还要善于和敢于回答广大群众面临的焦点、热点、敏感问题。

《广播电视基础知识》模拟试卷（九）

1. 笔试题满分为100分。
2. 笔试考试时间为90分钟。
3. 考试方式为闭卷考试。
4. 试题类型包括选择题、简答题、辨析题、论述题。

一、单项选择题（本大题共10小题，每小题1分，共10分）

1. 社会主义新闻事业的基本性质、指导方针、根本任务，决定了我国新闻工作者必须始终坚持把（　　）放在首位。

A. 经济效益　　B. 社会效益

C. 集体利益　　D. 物质利益

2. 对新闻的产生起决定性作用的因素是（　　）。

A. 人的好奇心

B. 人的耳目喉舌

C. 人类社会性的生产劳动实践

D. 人类交流新情况的意愿

3. 社会主义新闻事业的党性原则强调新闻工作向党负责，其归根结底是为了（　　）。

A. 对人民负责　　B. 对社会负责

C. 对社会主义事业负责　　D. 对历史负责

4. 与文学相比，新闻的本质特征在于（　　）。

A. 讲究真实　　B. 强调为人民服务

C. 注重反映普通群众　　D. 坚持宣传改革开放

5. 报道新闻是新闻事业的手段，而表达和引导舆论是新闻事业的（　　）。

A. 基础　　B. 目的

C. 方法　　D. 动力

6. 新闻价值要素中的显著性指事实信息中的人物、地点和事件的（　　）。

A. 道德水准　　B. 影响范围

C. 重要程度　　D. 知名程度

7. 推动媒体融合发展，要坚持（　　）策略，让主流媒体借助移动传播，牢牢占据舆论引导、思想引领、文化传承、服务人民的传播制高点。

A. 移动优先　　B. 一体化发展

C. 差异化发展　　D. 传统媒体优先

8. “四全”媒体指的是全程媒体、全息媒体、全员媒体、（　　）。

A. 全面媒体　　B. 全效媒体

C. 全力媒体　　D. 全民媒体

9. 主流媒体要增强（　　）、引导力、影响力、公信力。

A. 发展力　　B. 凝聚力

C. 传播力　　D. 驱动力

10. 文艺创作方法中最根本、最关键、最牢靠的办法是（　　）。

A. 扎根人民、扎根生活　　B. 扎根人民、扎根实际

C. 扎根实践、扎根生活　　D. 扎根实践、扎根人民

二、多项选择题（本大题共 5 小题，每小题 2 分，共 10 分）

11. 新闻职业道德失范给新闻事业带来的危害有（　　）。

A. 败坏行业风气

B. 降低媒体的社会公信力

C. 销蚀媒体的受众满意度

D. 严重影响新闻传播的权威性、公正性和纯洁性

12. 2016 年 2 月 19 日，中共中央总书记、国家主席、中央军委主席习近平在北京主持召开党的新闻舆论工作座谈会并发表重要讲话。他指出在新的时代条件下，要承担起党的新闻舆论工作的职责和使命，必须（　　）。

A. 牢牢坚持党性原则

B. 牢牢坚持马克思主义新闻观

C. 牢牢坚持正确舆论导向

D. 牢牢坚持正面宣传为主

13. 2023 年 7 月 14 日全国网络安全和信息化工作会议召开，国务院副总理丁薛祥出席会议并传达了习近平重要指示。关于网信事业，下列说法正确的是（　　）。

A. 坚持党管互联网，坚持网信为民，坚持走中国特色治网之道

B. 坚持举旗帜聚民心是总要求、防风险保安全是硬道理

C. 坚持筑牢国家网络安全屏障，坚持发挥信息化驱动引领作用

D. 坚持依法管网、依法办网、依法上网，坚持推动构建网络空间命运共同体

14. 新闻工作者的业务能力修养包括（　　）。

A. 政治判断力和新闻敏感性

B. 社会交往与活动能力

C. 调查研究能力

D. 文字表达能力

15. 随着信息技术的发展，“三网融合”成为国际化趋势，这“三网”指的是（　　）。

A. 广播网　　B. 电信网

C. 有线电视网　　D. 计算机网络

三、简答题（本大题共 4 小题，每小题 5 分，共 20 分）

16. 播音员主持人在参加社会活动中禁止的事项有哪些？

17. 简述移动优先战略。

18. 简述电视的传播特点。

19. 简述为什么坚持正确舆论导向必须要“把好关、把好度”？

四、辨析题（本大题共3小题，每小题12分，共36分）

20. 舆论监督要实现目的，就要不顾一切地达到打击的效果。

21. 党性原则是我国社会主义新闻改革的最大绊脚石。

22. 只要获得国外媒体的邀请，新闻记者就可以担任国外节目的“特约记者”。

五、论述题（本题24分）

23. 论述如何按照“三贴近”原则加强和改进新闻宣传工作。

模拟试卷（九）参考答案

一、单项选择题（本大题共10小题，每小题1分，共10分）

1. B　2. C　3. A　4. A　5. B　6. D　7. A　8. B　9. C　10. A

二、多项选择题（本大题共5小题，每小题2分，共10分）

11. ABCD　12. ABCD　13. ACD　14. ABCD　15. BCD

三、简答题（本大题共4小题，每小题5分，共20分）

16. 答题要点：

播音员主持人不得参加有损媒体形象、自身形象的组织和活动，不得利用职业身份和个人知名度谋取不当利益，不得在公开场合发表不当言论、做出不当举止等。

17. 答题要点：

推动媒体融合发展，必须顺应移动化大趋势，强化移动优先意识，实施移动优先战略。

打造移动传播矩阵。移动传播载体发展迅速，新闻客户端、微博账号、微信公众号、手机报、移动电视、网络电台等不断涌现，形态丰富多样。

创新移动新闻产品。优质内容是媒体的立身之本。主流媒体的移动新闻生产，要遵循新闻传播规律和新媒体发展规律，重点在“准”“新”“微”“快”上下功夫，打造与主流媒体品格和气质相一致的移动新闻精品。

紧盯移动技术前沿。技术是融合发展的重要推动力，也是媒体亟待补齐的短板。推动媒体深度融合，必须以先进技术为支撑，用最好、最新的技术提升采编能力，拓宽传播领域。

18. 答题要点：

（1）信息符号视听兼备，声像互动，可以传递比其他媒介更多的信息。电视同时调动图像、声音、文字和画面景别、角度、色彩等手段传播信息，以达到真实、全面、生动地反映社会生活的目的。

（2）长于再现，重构时空，现场感强烈。电视在真实再现事物的变化过程方面，具有得天独厚的优势。在现实中事物发展变化的信息往往是多形式全方位同时发生的，例如伴随着一个具体事物发展变化的氛围、条件等，电视可以较全面地记录反映这一状况，使观众真正进入见其人、闻其声的接收状态。

（3）时效性强。同广播媒介一样，随着传播技术的不断进步，电视的采制设备也日益趋向小型化，大大提高了其传播效率，时效性越来越强。

（4）在传播劣势上，同广播一样，电视也存在转瞬即逝、不易保存，信息选择性差的劣势。除此之外，电视画面传播的局限性也成为限制。影视符号是感性的符号形式，不具备抽象性和概括性。它是个别的、特殊的，长于展示而拙于阐释。另外影视符号有孤立影像含义的不确定性。

19. 答题要点：

坚持正确的舆论导向必须把好关、把好度，是马克思主义世界观和方法论的重要内容，体现了马克思主义新闻观的政治观念、责任要求，反映了马克思主义认识事物、处理矛盾的科学方法。

“把好关”，就是要从人民的根本利益出发，从党和国家工作大局出发，正确判断哪些应该报道，哪些不应该报道；哪些应该多报、详报，哪些应该少报、简报，从而正确地引导社会舆论。

“把好度”，就是要把握分寸、力度，把握报道的时机。要审时度势，了解大局、服从大局、服务大局，要因时、因人、因地、因事制宜。度能否把握得好，是对新闻工作者特别是新闻战线领导干部科学运用唯物辩证法能力的检验，是思想、政治、理论、政策、业务水平的综合检验。

只有把好关、把好度，才能确保导向正确，水平提高，阵地巩固，影响扩大。既要在政治上、政策上把好关、把好度，又要在热点引导、舆论监督等具体问题上把好关、把好度，归根结底是要在导向上把好关、把好度。

四、辨析题（本大题共 3 小题，每小题 12 分，共 36 分）

20. 答题要点：

这一观点是错误的。

舆论监督要坚持建设性监督、准确监督、科学监督、依法监督的原则。

开展舆论监督要重视建设性监督。舆论监督要善于处理好改革、发展与稳定的关系，把舆论监督的力度与社会、人民群众的承受程度结合起来。舆论监督效果要有利于改进工作和解决问题，有利于稳定大局和振奋民心，有利于中央的统一工作部署和维护中央的威信。

开展舆论监督要注意事实准确、分析客观。首先，必须坚持实事求是的精神，确保事实准确，细节经得起核对和推敲。要深入调查，多方听取意见，得出合乎事实的结论。其次，必须坚持马克思主义立场、观点、方法，分清是个别真实还是总体真实，避免主观片面、以偏概全。要在准确报道具体事实的基础上，力求从宏观上把握和反映事件或事物的全貌。

开展舆论监督要注意监督的科学性。在监督过程中把握好“适时、适量、适宜”的度，注意平衡，掌握尺寸。舆论监督要对社会现实和社会发展的主流与本质有正确的判断，在科学调查的基础上，对事物的整体进行全面认识，使舆论监督达到正确的平衡。

开展舆论监督要遵纪守法。舆论监督的运作必须严格限定在法律、制度、政策以及社会道德规范允许的范围内。在社会主义市场经济条件下，舆论监督要遵纪守法，严格执行宣传纪律，按照相关法律、政策和规定办事。

21. 答题要点：

这一观点是错误的。

新闻工作的党性要求主要内容包括：在思想上，要以马克思主义作为新闻工作的指针，宣传党的理论基础和思想体系；在政治上，要宣传党的纲领路线、方针政策，使之成为亿万群众的自觉行动；在组织上，要接受党的领导，遵守党的组织原则和新闻宣传工作的纪律。

新闻工作的党性原则是新闻改革坚持正确政治方向的根本保证。我们新闻改革的最终目的是强化新闻媒体作为党、政府和人民的耳目喉舌性质，成为党和人民掌握得更加得心应手，更有战斗力的舆论工具。这是新闻改革必须坚持的方向。

22. 答题要点：

这一观点是错误的。

根据国家新闻出版广电总局2014年6月30日印发的《新闻从业人员职务行为信息管理办法》中第五条的规定，新闻从业人员不得违反保密协议的约定，向其他境内外媒体、网站提供职务行为信息，或者担任境外媒体的“特约记者”、“特约通讯员”、“特约撰稿人”或专栏作者等。

五、论述题（本题24分）

23. 答题要点：

（1）坚持“三贴近”原则，是新世纪新阶段加强和改进新闻工作的重要突破口，是加强和改进新闻工作的主要着力点，是提高引导水平和宣传艺术的可靠途径，是新闻工作必须长期坚持的工作原则。

（2）坚持“三贴近”原则，提高引导水平，要注意在内容上创新，改进宣传报道。落实“三贴近”的要求，改进新闻宣传工作，是实践性很强的重要工作。为此，我们必须做到：一要对长期以来积淀而成的落伍的新闻观念、新闻报道方式和新闻活动模式，进行突破与改革；二要以是否贴近实际、贴近生活、贴近群众，作为衡量我们舆论引领水平的根本标准；三要调动包括内容、表述、标题、评论、按语、图表、摄影、漫画等“新闻全要素”，以生动活泼的方式报道新闻；四要以新科技革命的手段，提升新闻宣传的力度、强度和高度，促进新闻队伍整体素质的提高。

（3）坚持“三贴近”原则，提高引导水平，要注意在方法上创新。新闻工作要通过反映群众呼声，满足群众的日常需求，排解群众的现实困难，为群众解疑释惑，实实在在为群众讲话来实现。新闻工作要把党的主张变为广大受众能够接受、愿意接受的观念，并且“内化”为自觉的行动，就必须按新闻规律办事，运用各种生动活泼的新闻手段，在强化与群众利益的相关性和提高受众的兴趣性等方面下功夫，把党的意志转变为群众的语言、新闻的语言，使之入耳入脑。

（4）坚持“三贴近”原则，提高引导水平，要注意在体制上创新。要积极探索建立新形势下保证正确导向、富有经营活力的微观运行机制，完善新闻宣传宏观管理体制，健全突发事件新闻报道工作的快速反应和应急协调机制。要立足长远、瞄准目标，有计划、按步骤地推进新闻工作全面、协调、可持续地发展。党报、党刊、广播电台、电视台等主流媒体必须坚持高格调、高品位，去发掘和发布真正合乎先进生产力发展要求、先进文化前进方向的鲜活生动的真新闻，以权威、深刻彰显其影响力，去影响有影响力的人群，进而引导广大人民群众认识自己的根本利益并为之不懈奋斗。

《广播电视基础知识》模拟试卷（十）

1. 笔试题满分为 100 分。
2. 笔试考试时间为 90 分钟。
3. 考试方式为闭卷考试。
4. 试题类型包括选择题、简答题、辨析题、论述题。

一、单项选择题（本大题共 10 小题，每小题 1 分，共 10 分）

1. 从历史唯物主义的观点看，新闻事业是（　　）的产物。

A. 阶级斗争　　B. 生产斗争
C. 社会需要　　D. 科技进步

2. 新闻价值是新闻事实或相应作品满足传播主体或接受主体（　　）。

A. 新闻需求的程度　　B. 信息需求的程度
C. 文化需求的程度　　D. 社会需求的程度

3. 坚持新闻真实性原则，不仅要做到具体事实完全真实，还要力求做到（　　）。

A. 相对真实　　B. 绝对真实
C. 本质真实　　D. 逻辑合理

4. 关于新闻中的引语，以下说法不正确的是（　　）。

A. 提供引语的来源及背景
B. 不对原始消息作任何夸大、缩小或“合理添加”
C. 可以适当编造引语
D. 如需变动引语，应符合消息来源的原意

5. 在当代信息社会，通常所称的大众传播媒介，应包括（　　）。

A. 报纸、杂志、书籍、广播、电视、电影

B. 报纸、广播、电视、通讯社

C. 报纸、广播、电视、摄影、通讯社

D. 报纸、广播、通讯社、特稿供应社、电视

6. 在 2009 年 11 月 9 日，（　　）对《中国新闻工作者职业道德准则》进行重新修订并颁布，对推动新闻界加强队伍建设，提高职业道德水平具有深远的现实意义。

A. 中国广播电视协会　　B. 新闻出版总署

C. 国家广播电影电视总局　　D. 中华全国新闻工作者协会

7. 下列电视新闻主持人的行为不属于兼职的是（　　）。

A. 在某文化公司有股份

B. 在某房地产公司从事业务咨询

C. 主持同学的婚庆典礼

D. 自己开设茶楼

8. 下列选项中，不属于违反新闻工作者职业道德的是（　　）。

A. 娱乐新闻　　B. 虚假报道

C. 侵权新闻　　D. 有偿新闻

9. 从传播的视角，以下不属于新型媒体的是（　　）。

A. 移动媒体　　B. 户外新媒体

C. 楼宇电视　　D. 车载移动电视

10. 摄像机镜头以固定支点为圆心做旋转运动进行拍摄的是(　　)。

A. 推镜头　　B. 拉镜头

C. 摇镜头　　D. 移动镜头

二、多项选择题（本大题共 5 小题，每小题 2 分，共 10 分）

11.（　　）承载着中华民族的基因和血脉，是不可再生、不可替

代的中华优秀文明资源。

A. 文学　　B. 中华文明

C. 文物　　D. 文化遗产

12. 由电视摄录系统记录的一段连续的动态影像流程称为一个镜头，它是电视语言的基本（　　），相当于词语中的词汇。

A. 修辞单元　　B. 叙事单元

C. 表意单元　　D. 抒情单元

13. 新闻报道中，消息源应（　　）。

A. 尽可能模糊报道的消息来源

B. 在电视专题片、纪录片中使用“真实再现”手法时，不必在画面上标注

C. 有两个以上的消息来源相互印证

D. 对核心事实反复验证

14. 坚持政治家办报是（　　）。

A. 实现党对新闻工作领导的重要保证

B. 社会主义新闻事业实现经济效益的要求

C. 社会主义新闻事业党性原则的要求

D. 社会主义新闻工作者基本素质的要求

15. 新闻舆论监督从监督主体看，主要是（　　）。

A. 新闻传媒代表公众舆论对社会实行监督

B. 党和政府借助新闻传媒对社会实行监督

C. 公众借助新闻传媒对社会实行监督

D. 新闻传媒代表党和政府对社会实行监督

E. 新闻传媒对自身的监督

三、简答题（本大题共 4 小题，每小题 5 分，共 20 分）

16. 简述“中央厨房”的含义。

17. 媒体融合的基本形态有哪些？

18. 记者的新闻敏感体现在哪些方面？

19. 新闻事业的舆论监督主要有哪些功能？

四、辨析题（本大题共 3 小题，每小题 12 分，共 36 分）

20. 坚持“百花齐放、百家争鸣”意味着文艺创作和评论可以自由而不受限制。

21. 舆论不能命令人们的行为，因此，舆论不能产生社会控制的作用。

22. 文艺不能当市场的奴隶，不要沾满了铜臭气。所以，一部好的作品，应该只注重社会效益。

五、论述题（本题 24 分）

23. 结合实际，论述社会主义新闻舆论监督的意义。

模拟试卷（十）参考答案

一、单项选择题（本大题共 10 小题，每小题 1 分，共 10 分）

1. C　2. A　3. C　4. C　5. A　6. D　7. C　8. A
9. A　10. C

二、多项选择题（本大题共 5 小题，每小题 2 分，共 10 分）

11. CD　12. BC　13. CD　14. ACD　15. AC

三、简答题（本大题共 4 小题，每小题 5 分，共 20 分）

16. 答题要点：

在融媒体采编发网络中，“中央厨房”既是硬件基础和技术平台，也是大脑和神经中枢，应具备集中指挥、采编调度、高效协调、信息沟通等基本功能。在采编发网络的基本架构设计中，指挥调度中心、采编发联动平台这两个层级是“中央厨房”的核心部分，其运转要实现“人人见面”、面对面工作，其他层级可以借助技术手段实现“人机见面”。这样的设置，有利于实现管理扁平化、功能集成化、产品全媒化。

17. 答题要点：

媒体融合的基本形态有：

（1）内容融合。内容融合就是将不同媒介形态的生产，依托数字技术形成跨平台、跨媒体的使用，利用数字化终端，形成多层次、多类型的内容融合产品。

（2）网络融合。网络融合是指媒介传输渠道的融合，具体主要是指三网融合，即电信网、广电网、互联网的融合。

（3）终端融合。终端融合是指受众获取传媒产品的终端应用的融合，主要是三屏融合，即电视屏、电脑屏、手机屏的融合。

18. 答题要点：

三个方面：

（1）及时发现新闻线索，迅速捕捉事物正在或即将发生的最新变化。

（2）准确判断新闻价值，从众多新闻事实中选择出最有新闻价值的事实。

（3）预测可能发生的新闻事件，从细微处敏锐推断潜在的重大变化。

19. 答题要点：

新闻事业的舆论监督主要有以下几种功能：

（1）监测环境功能。

舆论监督对社会发展具有“晴雨表”和“候风仪”的监测作用。

（2）社会调节功能。

舆论监督可以对社会心态、社会意见进行调节、疏导和重新整合，充当社会的“传声筒”和“排气阀”，传达呼声，宣泄积郁，满足愿望，从而使整个社会在心态上维持在一个理想的安全值上。

（3）社会控制功能。

舆论监督以舆论、宣传、教育的手法去影响和引导公众的价值观和行为方式，预防和制止社会越轨行为。

（4）社会制衡功能。

在社会主义民主政治的条件下，舆论监督所代表的是多数人的意志。这种权力在进行权力制约和权力抗衡的时候，以新闻舆论的形式出现，其监督的领域广、反应迅速、参与公众多、影响效果大。

（5）舆论监督是一种动态平衡的社会监督。

第一，舆论监督积极主动地介入监督领域，许多社会问题、社会事件首先是以舆论监督形式表现出来的。第二，舆论监督是一个动态过程，总是严密跟踪监督目标与对象行为的发生发展过程，能够做到在否定自己的基础上求得正确的监督。第三，舆论监督的公正性来自操作中的平衡手段。不同的意见、不同的观点、不同的结论，在机会平等的基础上，实现最终的平衡。

四、辨析题（本大题共 3 小题，每小题 12 分，共 36 分）

20. 答题要点：

这一观点是错误的。

“百花齐放、百家争鸣”是我党繁荣科学文化的基本方针，是民主精神、群众路线在文化艺术工作中的具体体现。坚持“双百方针”要在宪法和法律允许的范围内，充分尊重作家、艺术家的创造性劳动，切实保障创作自由和评论自由，提倡不同学术观点、艺术流派的争鸣和切磋，提倡健康说理的文艺批评。

21. 答题要点：

这一观点是错误的。

把握正确的舆论导向，用正确的舆论引导人，是实施社会控制的一种重要手段。舆论反映人心向背，虽然它对任何人都不发生强制作用，它不能命令人们的行动，也不能规定人民的行为，但它却能产生一种精神的、道义的力量，给人以压力。有的时候，公众的谴责甚至胜于法律和组织纪律的处理。马克思把舆论看作一种普遍的、隐蔽的和强制的力量。

22. 答题要点：

这一观点是错误的。

坚持把社会效益放在首位，努力实现社会效益与经济效益的统一，是马克思主义新闻观的一贯主张。马克思主义的经典论述表明，新闻媒体既要积极引导舆论，保持正确导向，又要讲究成本、效益和投入、产出的经济原则。社会效益和经济效益是良性互动、共同发展这一循环链条上的两个重要环节，一个也不能忽视。

五、论述题（本题 24 分）

23. 答题要点：

（1）新闻舆论监督是新闻传媒运用新闻舆论手段对社会所实行的监督。在我国社会主义初级阶段，新闻舆论监督是中国特色社会主义监督体系的有机组成部分，是人民群众利用新闻媒体对社会公共事务行使民主权利而进行的监督活动。

（2）社会主义新闻舆论监督是社会主义民主建设的推动力。新闻舆论监督提高和深化了广大人民群众的公民意识，是树立民主与法制意识的有效手段。

（3）社会主义新闻舆论监督是人民群众参政议政的重要方式。通过新闻传播媒介实行的舆论监督，是一种公众广泛参与、公开表达意见的社会监督，对于发扬人民当家作主的精神，保护公众参政议政的热情，具有重要作用。

（4）社会主义新闻舆论监督是社会主义民主建设的重要内容。在新的历史时期，进一步维护和保障社会公众的知情权、言论自由权、舆论行为权，是社会主义民主与法制建设的一项重要内容。

（5）社会主义新闻舆论监督是决策民主化、科学化的有效途径。社会公众可以在重大决策制定前后或实施过程中，对决策进行广泛的评议和论证，为政府部门提供可靠的民意和社情参照，从而为各项政策的制定与完善贡献力量。

（6）社会主义新闻舆论监督是揭露腐败、反对官僚主义的有力武器。新闻舆论监督在惩治腐败、倡导廉政、强化执法力度、保持政令畅通、加强行政管理、提高工作效率、反对官僚主义、监督干部尽职守责方面作用重大。

后　记

为提高广播影视从业人员的素质，加强广播影视人才培训工作，我们针对当前广播影视岗位对人才能力和素质的要求，组织修订了“广播影视业务教育培训丛书”。“丛书”编印三本，分别是《广播电视综合知识》、《广播电视基础知识》和《广播电视播音主持业务》。这三本书是广播电视播音员主持人的岗位培训教材，也可供有志成为广播电视播音员主持人的人员自学使用。

在“丛书”编写过程中，我们得到了来自部分中央和国家机关、教学和科研单位的领导和专家的支持。参加本“丛书”编写和修订工作的同志有（按姓氏笔画排序）：马政、仇东方、方华、王顺生、卢静、叶庆丰、白占群、边立新、刘俐、孙树凤、孙聚成、成美、许颖、冷成金、吴弘毅、张俊、张玲、李忠杰、李晓华、杨小虎、陈先奎、陈亮、陈禹、周小普、周步恒、林鸿、罗哲宇、胡钧、赵小钦、郝大海、涂光晋、秦宣、贾建芳、梁坤、梁鸿鹰、傅程、温飙、谢忠民、鲁景超、熊智辉、魏开鹏等。

在本“丛书”修订过程中，我们得到了许多学者、老师的大力支持：参加《广播电视综合知识》修订的有山西传媒学院王美清、刘潇滨、范仙珍、裴京娟、张慧芳、刘玮、刘晓丹老师；参加《广播电视基础知识》修订的有山西传媒学院郭卫东、郭萍、文红老师；参加《广播电视播音主持业务》修订的有中央广播电视总台王浩瑜老师。2024 年，根据新大纲要求，山西传媒学院裴京娟副教授对《广播电视综合知识》《广播电视基础知识》进行新知识点的补充。在此一并表示衷心的感谢。

在此，谨向为本“丛书”的编写、修订、出版予以大力支持的有关单位和付出辛勤劳动的专家学者及工作人员表示诚挚的感谢!

在编写修订过程中，还有一些专家给予了大力支持，我们也引用了部分资料，未能一一致谢，在此敬请谅解并表示感谢！由于时间仓促，本书中可能还会有一些疏漏，敬请读者理解。

广播影视业务教育培训丛书编写组

2024 年 7 月

图书在版编目（CIP）数据

广播电视基础知识 / 广播影视业务教育培训丛书编写组编. —北京：中国国际广播出版社，2018.8（2024.7重印）

（广播影视业务教育培训丛书）

ISBN 978-7-5078-4330-9

Ⅰ.①广… Ⅱ.①广… Ⅲ.①广播电视－业务培训－教材 Ⅳ.①G220

中国版本图书馆CIP数据核字（2018）第151462号

广播电视基础知识

编　　者	广播影视业务教育培训丛书编写组
责任编辑	尹春雪
校　　对	张　娜
版式设计	国广设计室
出版发行	中国国际广播出版社有限公司［010-89508207（传真）］
社　　址	北京市丰台区榴乡路88号石榴中心2号楼1701 邮编：100079
印　　刷	天津市新科印刷有限公司
开　　本	710×1000　1/16
字　　数	280千字
印　　张	20.25
版　　次	2018 年 8 月　北京第一版
印　　次	2024 年 7 月　第六次印刷
定　　价	50.00 元